全国技工院校航空服务专业教材（中级技能层级）
全国中等职业学校航空服务专业教材

民航安全检查

Minhang Anquan Jiancha

郎德琴　张根岭　主编

中国劳动社会保障出版社

图书在版编目（CIP）数据

民航安全检查 / 郎德琴，张根岭主编．-- 北京：中国劳动社会保障出版社，2019

全国技工院校航空服务专业教材．中级技能层级．全国中等职业学校航空服务专业教材

ISBN 978-7-5167-3810-8

Ⅰ．①民… Ⅱ．①郎… ②张… Ⅲ．①民航运输－安全检查－中等专业学校－教材 Ⅳ．①F560.81

中国版本图书馆 CIP 数据核字（2019）第 005446 号

中国劳动社会保障出版社出版发行

（北京市惠新东街 1 号　邮政编码：100029）

*

北京鑫海金澳胶印有限公司印刷装订　新华书店经销

787 毫米×1092 毫米　16 开本　8.5 印张　138 千字

2019 年 1 月第 1 版　2024 年 12 月第 8 次印刷

定价：17.00 元

营销中心电话：400-606-6496

出版社网址：http://www.class.com.cn

http://jg.class.com.cn

简介

本教材适用于全国技工院校航空服务专业（中级技能层级）和全国中等职业学校航空服务专业。教材共分八章，首先对民航安全检查基础知识进行了概述，然后分别介绍了民航安全检查相关法律、法规，民航安检人员礼仪，民航机场证件检查，民航机场行李物品检查，民航机场人身检查，飞机监护与隔离区监控，机场联检部门工作常识等内容。

教材依据企业岗位实际，从民航安全检查服务的对象和内容入手，按照服务流程编写，具有较强的针对性和可操作性。根据学生认知规律，教材在编写中适当地融入了的图表辅助讲解知识点和技能点，易于教师教学和学生理解。教材配有电子课件，可通过职业教育教学资源和数字学习中心（http://zyjy.class.com.cn）免费下载。

本教材由郎德琴、张根岭任主编，李华、郭越、姚海翠、钟敏参加编写，刘壹任主审。

目录

Contents

第1章 民航安全检查基础知识

民航安全检查是民航空防安全保卫工作的重要组成部分，是国务院民用航空主管部门授权的专业安检队伍，为保障航空安全，依照国家法律、法规对乘坐民航班机的中外籍旅客和物品以及航空货物、航空邮件进行公开的安全技术检查，防范劫持、破坏民航班机和其他危害航空安全的行为，保障国家和旅客生命财产、安全，具有强制性和专业技术性。

学习目标

☞ 了解民航安全检查的概念和原则，掌握民航安全技术检查的主要内容

☞ 了解安全检查机构的运行条件、职能与权限

第 1 节　民航安全检查概述

一、安全检查和民航安全检查

1. 安全检查的概念

安全检查，全称为安全技术检查，是指在特定的区域内，为保障人民生命、财产及公共设施的安全所采取的一种强制技术性检查，包括民航、客运（火车、汽车）、港口、轨道交通、场馆设施安全检查等。

2. 民航安全检查的概念

民航安全检查是指在民用机场实施的为防止劫（炸）飞机和其他危害航空安全事件的发生，保障旅客、机组人员和飞机安全所采取的一种强制性的技术性检查。

二、民航安全检查的原则

民航安全检查工作应当坚持安全第一、严格检查，坚持制度、区别对待，内紧外松、机智灵活，文明执勤、热情服务的原则。

1. 安全第一、严格检查

确保安全是安全检查的宗旨和根本目的，而严格检查则是实现这个目的的手段和对安全检查人员（以下简称“安检人员”）的要求。所谓严格检查，就是严密地组织勤务，严格地执行各项规定、落实各项措施，以对国家和旅客高度负责的精神，牢牢把好安全检查的各个关口，切实做到证件不符不放过、安全门报警疑点不排除不放过、X 射线机图像判断不清不放过、开箱（包）检查不彻底不放过等工作规范，全面确保飞机和旅客的安全。

2. 坚持制度、区别对待

国家法律、法规以及有关安全检查的各项规章制度和规定是实施安全检查工作和处理各类问题的依据，必须认真贯彻执行，有法必依、有章必循。同时，还应根据特殊情况和不同对象，在不违背原则和确保安全的前提下，灵活掌握和处置各类问题。通常情况下，对各种旅客实施检查既要一视同仁，又要注意区分，做到明确重点，有所侧重。

3. 内紧外松、机智灵活

内紧是指检查人员要有敌情观念，要有高度的警惕性、责任心和严谨的工作作风，要有处置突发事件的应急措施等，使犯罪分子无机可乘。外松是指检查时要做到态度自然、沉着冷静、语言文明、讲究方式，按步骤、有秩序地进行工作。机智灵活是指在错综复杂的情况下，安检人员要有敏锐的观察能力和准确的判断能力，善于分析问题，从受检人员的言谈举止、行为装扮和神态表情中察言观色，发现蛛丝马迹，不漏掉任何可疑人员和物品。

4. 文明执勤、热情服务

机场是一个地区或一个国家的窗口，安全检查是机场管理和服务工作的一部分。安检人员要树立全心全意为旅客服务的意识，做到检查规范、文明礼貌、着装整洁、仪表端庄、举止大方、说话和气；要尊重不同地区、不同民族旅客的风俗习惯。同时，安检人员要在确保安全且不影响正常工作的前提条件下，尽量为旅客排忧解难，对伤、残、病旅客予以优先照顾，对孕妇、儿童、老年旅客要尽量提供方便，给予照顾。

三、民航安全检查的内容

民航安全检查的内容主要包括证件检查、行李物品检查、人身检查、飞机监护、隔离区监控、机场联检等。

1. 证件检查

在证件检查中，安检人员负责检查旅客的有效身份证件、客票、登机牌，识别涂改、伪造、冒名顶替及其他无效证件。

2. 行李物品检查

行李物品检查是指对旅客随身携带、托运的行李物品进行仪器检查和手工开箱（包）检查，防止违禁物品被带上航空器或夹在行李中托运。

3. 人身检查

在人身检查中，安检人员采用公开的仪器和手工相结合的方式，对旅客人身进行安全检查，其目的是为了发现旅客是否有意或无意携带危险品、违禁品及限制物品，以保障民用航空器及其所载人员的生命财产安全。

4. 飞机监护

飞机监护是指民航安全检查机构对执行飞行任务的民用航空器在停机坪短暂停留期间进行的监护，是确保民用航空器和旅客安全的重要环节。

5. 隔离区监控

隔离区监控是指安检人员对隔离区的管理、清理和检查，禁止未经检查的人员与已检人员接触和随意进出，防止外界人员向隔离区内传递物品，防止藏匿不法分子和危险物品，保证旅客和隔离区的绝对安全。

6. 机场联检

机场联检是指机场对出入境行为实施的联合检查，对人员进出境由出入境边防检查站、海关、检疫部门联合进行检查。乘坐国际航班的旅客先进行机场联检，再进行安全检查。

第 2 节　民航安全检查机构

一、民航安全检查机构的概念

民航安全检查机构（以下简称“安检机构”）是指依照有关法律、法规和相关规定，通过实施安全技术检查工作（以下简称“安检工作”），防止危及航空安全的危险品、违禁品进入民用航空器，保障民用航空器及其所载人员生命、财产安全的机构。

中国民用航空局（以下简称“民航局”）、中国民用航空地区管理局（以下统称“民航行政机关”）对民航安检工作进行指导、检查和监督。民用运输机场管理机构应当设立专门的民航安检机构从事民航安检工作。

二、民航安检机构的运行条件

设立民航安检机构的民用运输机场管理机构（以下简称“民航安检机构设立单位”）对民航安检工作承担安全主体责任，提供符合民航局规定的人员、经费、场地及设施设备等保障，提供符合国家标准或者行业标准要求的劳动防护用品，保护民航安全检查从业人员的劳动安全，并确保民航安检机构的正常运行。民航安检机构的运行条件主要包括如下几点：

1. 符合民用航空安全保卫设施行业标准要求的工作场地、设施设备和民航安全检查信息管理系统。

2. 符合民用航空安全检查设备管理要求的民航安全检查设备。

3. 符合民用航空安全检查员定员定额等标准要求的民航安全检查员。

4. 符合《民用航空安全检查规则》和《民用航空安全检查工作手册》要求的民航安检工作运行管理文件。

5. 符合民航局规定的其他条件。

民航行政机关审核民用机场使用许可、公共航空运输企业运行合格审定申请时，对其设立的民航安检机构运行条件进行审查。民航安检机构根据民航局的规定，制定并实施民航安检工作质量控制和培训管理制度，并建立相应的记录。同时，民航安检机构应根据工作实际，适时调整本机构的民航安检工作运行管理文件，以确保其持续有效。

三、民航安检机构的职能与权限

1. 民航安检机构的职能

民航安检机构具有预防和制止劫（炸）机犯罪活动和保护民航班机及旅客生命财产安全的职能。具体体现在以下三个方面：

（1）预防和制止劫（炸）机犯罪活动的职能。

（2）保护国家和人民生命、财产安全的职能。

（3）服务职能。在保障安全的前提下，安检机构要尽力保证航班能按规定时间起飞，不因安全检查造成延误；要文明执勤，树立为旅客服务的思想。

2. 民航安检机构的权限

（1）行政法规的执行权

民航安检机构具有行政法规执行权。

（2）检查权

民航安检机构的检查权包括以下几个方面：

1）对旅客身份证件的检查权，通过检查旅客身份证件，防止旅客使用伪造身份证件或冒用他人身份证件乘机，如图 1—1 所示。

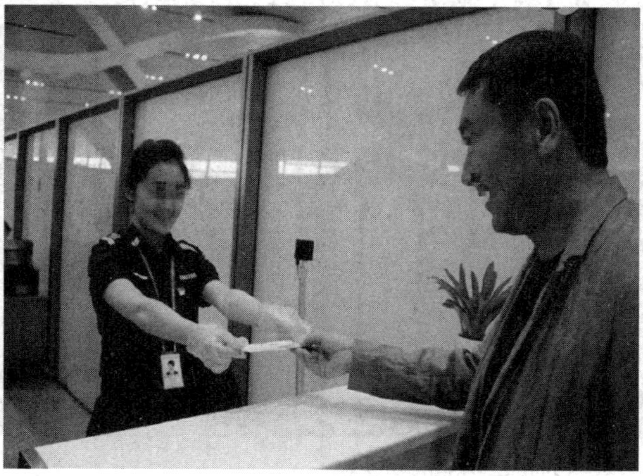

图 1—1　对旅客身份证件的检查权

2）对旅客的人身检查权，包括使用仪器检查和手工检查，如图 1—2 所示。

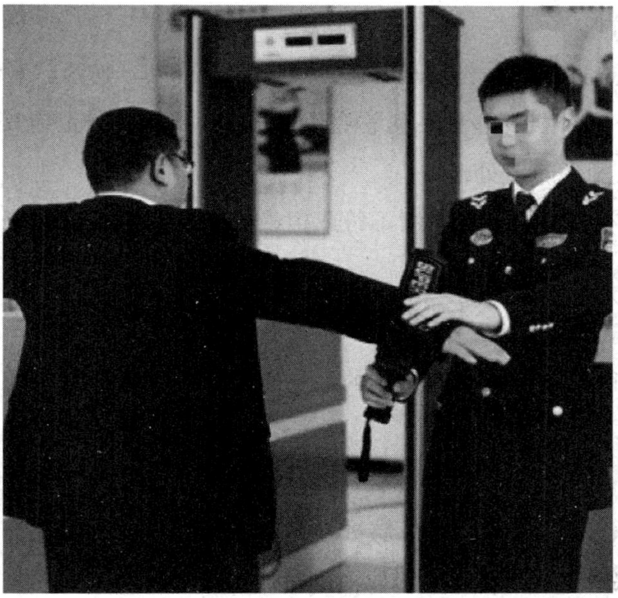

图 1—2　对旅客的人身检查权

3）对行李物品的检查权，包括使用仪器检查和手工开箱（包）检查，如图 1—3 所示。

图 1—3　对行李物品的检查权

4）对航空货物、航空邮件的检查权。

5）对进入候机隔离区登机人员证件、人身和物品的检查权。

（3）拒绝登机权

1）在安全检查过程中，当发现有旅客故意隐匿枪支、弹药、管制刀具及易燃、易爆等可能用于劫（炸）机的违禁品和危险品时，安检机构有权拒绝其登机，并将人与物一并移交民航公安机关审查处理。

2）在安全检查过程中，对手续不符或拒绝接受检查的旅客，安检机构有权拒绝其登机。

（4）候机隔离区监控权

1）候机隔离区不是持续实施管制的，在使用前，安检机构应当对候机隔离区进行清查。

2）安检机构应当派员在候机隔离区内巡视，对重点部位加强监控。

3）经过安全检查的旅客应当在候机隔离区内等待登机，如遇航班延误或其他特殊原因离开候机隔离区的，再次进入时应当重新接受安全检查。

4）候机隔离区内的商店不得出售可能危害航空安全的商品。在售商品应当经过安全检查，并接受安检机构的安全监督。

（5）航空器监护权

1）对出港、过港的航空器实施监护，如图 1—4 所示。

图 1—4　对出港、过港的航空器实施监护

2）应机长请求，经民航公安机关或安检机构批准，安检人员可以进行清舱。

四、民航安全检查的法律特征及特点

1. 民航安全检查的法律特征

民航安全检查部门有行政法规的执行权而无处罚权，是安全检查的法律特征。民航安全检查部门是保障航空安全的带有服务性质的单位，拥有一支具有专业技术的职工队伍，执行国家法律以及国务院、民航局、公安部为保证航空安全发布的有关行政法规和规章。所以，安全检查带有行政执法的性质。但安全检查部门属于企业的一个机构，不属于行政机关，所以从这方面来讲，它不具有行政处罚权，即不具有拘留、罚款、没收的权力。

2. 民航安全检查工作的特点

民航安全检查工作要求在较短时间内完成对所有旅客及其行李物品等的安全检查，而且要确保安全。因为一旦出现失误，发生危害航空安全事件，则会后果严重、损失巨大，还将在国内、国际造成极坏的政治影响。因此，安全检查工作具有责任性强、政策性强、时间性强、专业性强及风险性大等特点。

五、民航安检机构的主要岗位及职责

民航安检机构的主要岗位包括：维序检查岗位、验证检查岗位、前传引导检查岗位、人身检查岗位、民航行李安检设备操作岗位、行李物品开箱包检查岗位、货邮快件安检设备操作岗位、货邮快件开箱检查岗位、限制物品移交岗位、民航安检工作现场防爆检查岗位、机场控制区道口车辆检查岗位、民航安检现场值班领导岗位、安检信息管理系统操作岗位、安检质量监察岗位、安检业务培训岗位、安检设备维修岗位、异常行为识别岗位和通行管制岗位。各岗位的主要职责如下：

1. 维序检查岗位职责

（1）宣传、解释民航安检工作相关法律、法规、规章和政策，接受民航安检工作有关法律、法规、规章和政策咨询。

（2）观察待检区情况，对待检人员进行分类识别和分流疏导，引导待检人员正确使用特殊通道，维持待检区域秩序。

（3）提示待检人员做好检查前准备工作。

2. 验证检查岗位职责

（1）对进入机场控制区的人员进行人、证对照，确保人、证相符。

（2）核验旅客有效乘机身份证件的真伪及有效性，核验旅客乘机凭证有效性，核验乘机身份证件、乘机凭证姓名是否一致；采集旅客正面头像和旅客信息录入民航安检信息管理系统，并加注安检验讫标识。

（3）核验机组人员、工作人员和其他人员进入机场控制区的证件真伪及有效性，核录相关信息。

（4）合理控制通行人员验放速度。

（5）按规定处置不符合证件检查验放标准的人员。

3. 前传引导检查岗位职责

（1）提示、协助待检人员将可能影响检查效果的物品取出，做好待检准备。

（2）引导待检人员正确摆放待检行李物品，保证有效检查间隔。

（3）合理控制人员过检速度，维护民航人身安检设备前的秩序。

4. 人身检查岗位职责

（1）引导受检人员有序、有效通过民航人身安检设备。

（2）对通过民航人身安检设备报警的人员进行手工人身检查，排除安全疑点；对通过民航人身安检设备不报警的人员进行抽查。

（3）按规定处置发现的民航禁限运输物品及携运人员。

5. 民航行李安检设备操作岗位职责

（1）按照判图分析方法，使用操作功能键对图像进行判读，发现、辨认民航禁限运输物品或可疑图像。

（2）将需要开箱检查的行李物品及重点检查部位准确无误地通知开箱包检查岗位人员。

（3）对经过开箱包检查的行李物品进行复检。

6. 行李物品开箱包检查岗位职责

（1）确认并复述民航行李安检设备操作岗位的指令，确认箱包归属、控制箱包、进行开箱包检查。

（2）与民航行李安检设备操作岗位人员确认检查结果，并提示对实施开箱包检查的行李物品进行复检。

（3）通知防爆检查岗位对疑似爆炸物品、爆炸装置或者无法确认性质的可疑行李物品进行防爆检查。

（4）按规定处置发现的民航禁限运输物品及携运人员。

7. 货邮快件安检设备操作岗位职责

（1）审核航空货物、航空邮件运输文件和安检申报清单，确定航空货物、航空邮件检查方式，安排有序过检。

（2）按照判图分析方法，对航空货物、航空邮件图像进行判读，发现、辨认伪报、夹带的运输危险品、违禁品和管制器具。

（3）通知货邮快件开箱检查岗位人员对可疑航空货物、航空邮件进行开箱检查，提示开箱检查要点。

（4）对经过开箱检查的航空货物、航空邮件进行复检。

8. 货邮快件开箱检查岗位职责

（1）控制可疑航空货物、航空邮件，通知航空货物、航空邮件托运人或者货运销售代理人到场。

（2）确认并复述货邮快件安检设备操作岗位人员开箱指令，对可疑航空货物、航空邮件进行开箱检查。

（3）发现并依规处置可疑航空货物以及航空邮件中的危险品、违禁物品、管制器具和其他国家法律法规限制运输物品或者排除怀疑，确认航空货物、航空邮件安全。

（4）通知防爆检查岗位对含有疑似爆炸物、爆炸装置或者无法确定性质的可疑航空货物、航空邮件进行防爆检查。

9. 限制物品移交岗位职责

（1）依据职责办理物品暂存手续。

（2）向民用机场公安机关等部门报告民航安检工作现场发现的违法案（事）件，移交有关人员、物品和证据资料。

（3）依规处置民航安检工作现场的暂存、遗失和自弃物品。

（4）负责其他发生事项的政策解释工作。

10. 民航安检工作现场防爆检查岗位职责

（1）确认并复述开箱检查岗位人员指令，按规范对疑似含有爆炸物、爆炸装置或者无法确定性质的可疑行李物品、航空货物、航空邮件进行防爆技术检测。

（2）按规定对行李物品、航空货物、航空邮件进行防爆抽检。

（3）按规定处置疑似爆炸物、爆炸装置检测报警事件。

11. 机场控制区道口车辆检查岗位职责

（1）管理、维护机场控制区道口秩序，引导、安排车辆有序受检。

（2）核验车辆的机场控制区通行证件，检查车辆，确认是否含有民航禁限运输物品。

（3）按规定对可疑车辆及物品采取处置措施。

12. 民航安检现场值班领导岗位职责

（1）传达上级指示和通知并提出工作要求和注意事项。

（2）组织、安排、协调、监督民航安检现场勤务实施。

（3）按照授权处置民航安检现场发生的勤务事件和突发事件。

（4）做好民航安检现场勤务总结和工作交接。

13. 安全检查信息管理系统操作岗位职责

（1）操作民航安检信息管理系统，对民航安检现场实施监控。

（2）利用民航安检信息管理系统，统计、分析民航安检工作生产数据及信息。

（3）将民用机场公安机关布控信息录入民航安检信息系统。

14. 安全检查质量监察岗位职责

（1）制订民航安检工作质量监察计划和实施方案。

（2）实施质量控制活动，监督、评估民航安检工作质量。

（3）分析质量监察结果，编制质量监察报告，提出改进意见，跟踪、督察、评估整改措施的落实情况。

（4）定期组织民航安检形势分析，提出调整民航安检工作措施的意见和建议。

15. 安全检查业务培训岗位职责

（1）编制培训大纲，制订培训计划，编写民航安检工作培训教案和培训课件。

（2）根据民航安检工作培训教案和课件，开展民航安检工作业务培训。

（3）实施民航安检工作业务培训考核工作，并做好相关记录。

16. 安全检查设备维修岗位职责

（1）对民航在用安检设备技术参数进行校准检测和设定。

（2）对民航在用安检设备进行定期或不定期的巡视、维护、保养和维修。

（3）对报修民航在用安检设备进行故障判定及维修，并做好记录。

17. 异常行为识别岗位职责

（1）利用情报系统分析和筛查可疑人员。

（2）对民航安检现场人员实施异常行为识别，发现可疑人员。

（3）向民航安检现场岗位发布可疑行为人员安全提示。

18. 通行管制岗位职责

（1）对采取通行管制的区域实行区域管控措施。

（2）查验通行人员的机场控制区通行证件或者有效乘机凭证。

（3）依规处置违规通行人员并做好登记工作。

思考与练习

1. 民航安全检查包括哪些原则？

2. 民航安检机构的职能是什么？权限是什么？

3. 简述民航安检机构的主要岗位及相应职责。

第 2 章
民航安全检查相关法律、法规

涉及航空安全方面的法律和法规有很多类型，这些法律、法规的制定均以民用航空法为基础。具体包括《国际民用航空公约》及其附件，有关航空安全保卫的国际公约，国际民用航空危险品运输有关法律、法规，《中华人民共和国民用航空法》《中华人民共和国民用航空安全保卫条件》《中国民用航空安全检查规则》《中国民用航空危险品运输管理规定》等。

学习目标

- ☞ 了解国际和国内民航安全检查相关的法律
- ☞ 了解安全检查法规的概念、特点和作用

第 1 节　国际民航安全检查相关法律

一、国际民航安全检查相关法律的制定机构

1. 国际民用航空组织（ICAO）概况

国际民用航空组织（International Civil Aviation Organization）是联合国系统中负责处理民航事务的专门机构，是《国际民用航空公约》的产物，是协调各国有关民航经济和法律义务，并制定各种民航技术标准和民航规则的国际组织。第二次世界大战后期，为解决民用航空发展中的国际航空运输业务权等国际性问题，1944 年 11 月 1 日至 12 月 7 日在芝加哥召开了由 52 个国家参加的国际民用航空会议，签订了《国际民用航空公约》，也称《芝加哥公约》，并根据国际民用航空临时协议，成立了临时国际民用航空组织。1947 年 4 月 4 日《国际民用航空公约》生效，国际民用航空组织正式成立，同年 5 月成为联合国的专门机构。国际民用航空组织的总部设在加拿大的蒙特利尔，该组织是政府间的国际组织，其宗旨和目的在于发展国际航行的原则和技术，并促进国际运输的规划和发展。

我国是国际民用航空组织的创始成员国之一。1971 年国际民用航空组织通过决议确定中华人民共和国为中国唯一合法代表。1974 年我国承认《国际民用航空公约》并参加国际民用航空组织活动。

国际民用航空组织由国际民用航空组织大会、理事会和秘书处三级框架组成，组织结构图如图 2—1 所示。

2. 国际航空运输协会（IATA）概况

国际航空运输协会（International Air Transport Association）简称国际航协，是全球航空运输企业自愿联合组织的行业联盟，属于非政府性国际组织。凡国际民用航空组织成员国的任一经营定期航班的航空企业，经其政府许可都可以成为该协会的成员。国际航空运输协会的标志如图 2—2 所示。

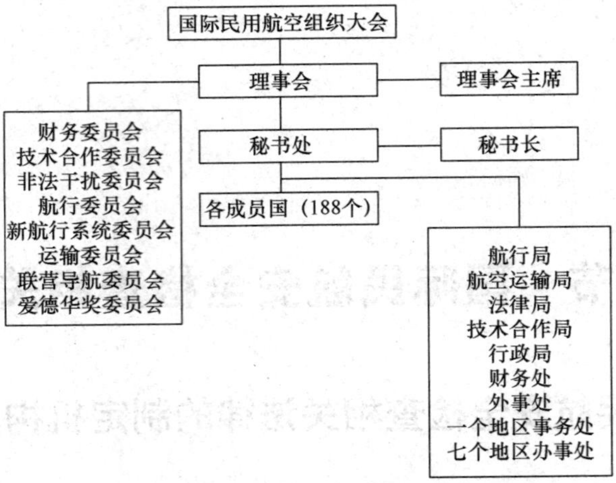

图 2—1　国际民用航空组织的组织结构图

国际航空运输协会于 1945 年 4 月在古巴哈瓦那成立，总部设在加拿大的蒙特利尔。截至 2016 年 11 月，国际航空运输协会共有 265 个会员，年度大会是其最高权力机构。

图 2—2　国际航空运输协会标志

二、《国际民用航空公约》及其附件

1944 年在芝加哥召开的国际民用航空会议上制定的《国际民用航空公约》是国际民航界公认的宪章，是现行航空法的基本文件。它规定了民用航空的范围、实行措施和国际民用航空组织等基本内容。

国际民用航空组织通过制定公约附件对民航领域的各个方面形成具有约束力的技术文件。公约附件正式名称是“国际标准和建议措施”，目前已制定了 18 个附件，分别是：人员执照的颁发、空中规则、国际航空气象服务、航图、空中和地面运行中使用的计量单位、航空器的运行、航空器登记和国籍标志、航空器的适航性、简化手续、航空通信、航空交通服务、搜索和救援、航空事故和事故征候调查、机场、航行情报服务、环境保护（航空器噪声）、航空保安（防止对国际民用航空进行非法干扰行为的安全保卫），以及危险品的安全航空运输。

三、有关航空安全保卫的国际公约

为阻止威胁、破坏国际民用航空安全与运行，以及非法劫持航空器的行为发生，相关部门先后制定了《东京公约》《海牙公约》《蒙特利尔公约》以及《蒙特利尔公约》的补充协定书。这些公约作为直接解决航空保安问题的国际文件已经被各国采纳和接受。1991 年在蒙特利尔召开的外交会议通过了《关于注标塑性炸药以便探测的公约》。

1.《国际民用航空公约》（附件 17）

《国际民用航空公约》（附件 17）（以下简称“附件 17”）即“防止对国际民用航空进行非法干扰行为的安全保卫”，于 1974 年 3 月通过并生效。

附件 17 规定：在防止对国际民用航空非法干扰行为的一切有关事务中，保卫旅客、机组、地面人员和一般公众安全是每个缔约国的首要目的。

国际民航组织理事会第 201 届会议于 2014 年 2 月 26 日审议通过了附件 17 的第 14 次修订。本次修订涉及实施安保措施无法预测性定义，关于国际合作、陆侧安保、安保意识培训、对安保服务提供者的监督，关键信息技术和通信系统等的新建议措施，关于货物和邮件适当检查方法的新标准，以及对关于陆侧安保和网络威胁的建议措施 4.8 和 4.9.1 的修改。理事会批准附件 17 的第 14 次修订后，该修订于 2014 年 7 月 14 日生效，适用日期为 2014 年 11 月 14 日。

附件 17 提出的建议和措施对我国机场、航空公司的安保工作和安全检查有着重要的指导意义，各机场和航空公司应根据其标准和建议及我国政府有关航空安全的法规、指令、规章，制订适合本机场和公司的航空安检保卫计划。

2.《东京公约》

《东京公约》即《关于在航空器内犯罪和某些其他行为的公约》。1947—1957 年世界上共发生劫机事件 23 起。进入 20 世纪 60 年代之后，劫机事件频繁发生，仅 1960 年一年发生在美国和古巴之间的劫机事件就有 23 起。同时，在飞机上犯罪的其他案件也不断出现。鉴于这种情况，国际民用航空组织于 1963 年 9 月在东京召开国际航空法会议，有 60 个国家参加，签订了《东京公约》。该公约规定了航空器登记国有权对机上的犯罪或犯罪行为实施管辖权，其目的主要是确立机长对航空器内犯罪的管辖权，主要内容如下：

（1）航空器登记国有权管辖航空器上的犯罪行为，也规定了非登记国有权阻止航空器的几种情况。

（2）机长有权对犯罪者采取措施，包括强制性措施，并在为保护航空器上的旅客生命财产安全的情况下，明令犯罪者在航空器降落地离开航空器，或者将犯罪者交给当地合法当局。

（3）接受犯罪者的国家当局可根据案情将犯罪者留在其境内，以便进行审讯或者引渡，并通知各有关国家。

（4）各国应采取一切措施，将被劫航空器恢复由其合法机长控制，被劫持的航空器落地国家应允许旅客和机组尽快继续飞行。

该公约于 1979 年 2 月 12 日对我国生效。

3.《海牙公约》

《海牙公约》即《关于制止非法劫持航空器的公约》，于 1971 年 10 月 4 日生效，于 1980 年 10 月 10 日对我国生效。

国际民用航空组织于 1970 年 12 月在荷兰海牙召开国际航空法外交会议，讨论关于劫持航空器的问题，有 76 个国家参加，签订了《海牙公约》。该公约规定了各缔约国家对犯罪行为实施管辖权及拘留、起诉或者引渡犯罪者的详细规定。

(1)《海牙公约》关于劫机犯罪的界定

用武力、武力威胁、精神胁迫的方式，非法挟持或者控制航空器（包括未遂）即构成刑事犯罪。

(2)《海牙公约》的主要内容

1）严厉惩处航空器劫持者。

2）明确缔约国对劫机行为的管辖范围。

3）缔约国有义务将劫机情况通知有关国家，并将处理情况报告国际民用航空组织。

4.《蒙特利尔公约》

《蒙特利尔公约》即《关于制止危害民用航空安全的非法行为的公约》。该公约于 1973 年 1 月 26 日生效，于 1980 年 10 月 10 日对我国生效。1971 年 9 月国际民用航空组织在加拿大蒙特利尔召开了国际航空法外交会议，签订了《蒙特利尔公约》，该公约主要涉及非法劫持航空器以外的危害民用航空安全的行为。

(1)《蒙特利尔公约》关于对危害航空安全犯罪的界定

凡非法故意实施下列行为之一者，均为危害航空安全犯罪：

1）对飞行中的航空器内的人实施暴力行为，具有危害该航空器安全的性质。

2）毁坏使用中的航空器，或者致使航空器损坏，使其无法飞行或者危害其飞行安全。

3）在使用中的航空器上放置或使别人放置某种装置或者物质，该装置或者该物质足以毁灭该航空器或者对该航空器造成危害使其无法飞行，或足以危害飞行安全。

4）毁坏或者损坏航行设备或扰乱其工作，有危害飞行中航空器安全的性质。

5）传送明知虚假的情报，由此危害飞行中航空器的安全。

6）上述各行为的未遂犯及共犯。

(2)《蒙特利尔公约》的主要内容

各缔约国对袭击航空器、旅客及机组人员，破坏航空器及民航设施等危及飞行安全的人，要予以严厉的处罚。其规定基本与《海牙公约》相似。

《东京公约》《海牙公约》和《蒙特利尔公约》被我国学者称为“三个反劫机公约”。

5.《蒙特利尔公约》的补充议定书

1988 年 2 月 24 日在蒙特利尔召开的外交会议签订了《蒙特利尔公约》补充议定书。该议定书补充了《蒙特利尔公约》的不足，规定了危害国际机场内的人员、设备及未使用的航空器的犯罪。它扩大了《蒙特利尔公约》对“犯罪”的定义，包括了在国际民用航空机场发生的一些具体的爆炸行为。如果这类行为危及或者可能危及机场安全的话，各缔约国承允对犯罪者给予严厉的惩罚，该议定书还载有关于管辖权的条款。

6.《关于注标塑性炸药以便探测的公约》

国际民用航空组织 1991 年在蒙特利尔召开的外交会议上通过了《关于注标塑性炸药以便探测的公约》。目的是通过责任方采取适当的方法确保这类塑性炸药的标注能够便于其探测，有助于防止与塑性炸药的使用有关的非法行为。各机构被强制采取必要的和有效的措施，禁止和防止在其领土上制造未标注的塑性炸药；同样禁止和防止未标注的塑性炸药流入或流出其领土。

四、国际民用航空危险品运输有关法律、法规

1.《关于危险货物运输的建议书》

联合国专家委员会制定了除放射性物质以外的所有类型危险品航空运输的建议程序。

2.《安全运输放射性物质规则》

国际原子能机构制定了安全运输放射性物质的建议程序。

3.《国际民用航空公约》（附件 18）和《危险品航空安全运输技术细则》

国际民用航空组织在联合国和国际原子能机构建议的基础上制定了《国际民用航空

公约》（附件 18）、《危险品安全航空运输》及具体规则、《危险品航空安全运输技术细则》（简称“TI”）。TI 每两年更新一次，是国际民用航空安全运输法规和各国民用航空安全运输法规的基础。

4.《与危险品运输相关的航空器事故征候应急响应指南》

由国际民用航空组织制定，为机组人员提供了危险品处理信息的应急指挥程序。

5.《危险品规则》

《危险品规则》（简称“DGR”）是国际航空运输协会的出版物，它基于运营和行业标准实践方面的考虑。该规则增加了比 TI 更具约束力的规则要求。DGR 是行业普遍使用的守则，每年更新一次。

第 2 节　国内民航安全检查相关法律

一、《中华人民共和国民用航空法》

《中华人民共和国民用航空法》（以下简称《民用航空法》）于 1995 年 10 月 30 日第八届全国人民代表大会常务委员会第十六次会议通过，1996 年 3 月 1 日生效，共有十六章节，二百一十四条款。2018 年 12 月 29 日第十三届全国人民代表大会常务委员会第七次会议修正。

1.《民用航空法》关于安全检查的规定

第一百条　公共航空运输企业不得运输法律法规、行政法规规定的禁运物品。

公共航空运输企业未经国务院民用航空主管部门批准，不得运输作战军火、作战物资。

禁止旅客随身携带法律、行政法规规定的禁运物品乘坐民用航空器。

第一百零一条　公共航空运输企业运输危险品，应当遵守国家有关规定。

禁止以非危险品品名托运危险物品。

禁止旅客随身携带危险品乘坐民用航空器。除因执行公务并按照国家规定经过批准外，禁止旅客携带枪支、管制刀具乘坐民用航空器。禁止违反国务院民用航空主管部门的规定将危险品作为行李托运。

危险品品名由国务院民用航空主管部门规定并公布。

第一百零二条　公共航空运输企业不得运输拒绝接受安全检查的旅客，不得违反国家规定运输未经安全检查的行李。

公共航空运输企业必须按照国务院民用航空主管部门的规定，对承运的货物进行安全检查或者采取其他保证安全的措施。

第一百零三条　公共航空运输企业从事国际航空运输的民用航空器及其所载人员、行李、货物应当接受边防、海关、检疫等主管部门的检查；但是，检查时应当避免不必要的延误。

2.《民用航空法》关于对隐匿携带枪支弹药和管制刀具乘坐航空器的处罚规定

第一百九十三条　违反本法规定，隐匿携带炸药、雷管或者其他危险品乘坐民用航空器，或者以非危险品品名托运危险品的，依照刑法有关规定追究刑事责任。

企业事业单位犯前款罪的，判处罚金，并对直接负责的主管人员和其他直接责任人员依照前款规定追究刑事责任。

隐匿携带枪支子弹、管制刀具乘坐民用航空器的，依照刑法有关规定追究刑事责任。

二、《中华人民共和国刑法》（以下简称《刑法》）与民用航空安全保卫有关的条款

第一百一十六条　破坏火车、汽车、电车、船只、航空器，足以使火车、汽车、电车、船只、航空器发生倾覆、毁坏危险，尚未造成严重后果的，处三年以上十年以下有期徒刑。

第一百一十七条　破坏轨道、桥梁、隧道、公路、机场、航道、灯塔、标志或者进行其他破坏活动，足以使火车、汽车、船只、航空器发生倾覆、毁坏危险，尚未造成严重后果的，处三年以上十年以下有期徒刑。

第一百一十九条　破坏交通工具、交通设施、电力设备、燃气设备、易燃易爆设备，造成严重后果的，处十年以上有期徒刑、无期徒刑或者死刑。

第一百二十条　组织、领导恐怖活动组织的，处十年以上有期徒刑或者无期徒刑；积极参加的，处三年以上十年以下有期徒刑；其他参加的，处三年以下有期徒刑、拘役、管制或者剥夺政治权利。

第一百二十一条　以暴力、胁迫或者其他方法劫持航空器的，处十年以上有期徒刑或者无期徒刑；致人重伤、死亡或者使航空器遭受严重破坏的，处死刑。

第一百二十二条　以暴力、胁迫或者其他方法劫持航空器的，处十年以上有期徒刑或者无期徒刑；致人重伤、死亡或者使航空器遭受严重破坏的，处死刑。

第一百二十三条　对飞行中的航空器上的人员使用暴力，危及飞行安全，尚未造成

严重后果的，处五年以下有期徒刑或者拘役；造成严重后果的，处五年以上有期徒刑。

第一百二十五条　非法制造、买卖、运输、邮寄、储存枪支、弹药、爆炸物的，处三年以上十年以下有期徒刑；情节严重的，处十年以上有期徒刑、无期徒刑或者死刑。

第一百三十条　非法携带枪支、弹药、管制刀具或者爆炸性、易燃性、放射性、毒害性、腐蚀性物品，进入公共场所或者公共交通工具，危及公共安全，情节严重的，处三年以下有期徒刑、拘役或者管制。

三、《中华人民共和国反恐怖主义法》

《中华人民共和国反恐怖主义法》于 2015 年 12 月 27 日经中华人民共和国第十二届全国人民代表大会常务委员会第十八次会议通过，自 2016 年 1 月 1 日起施行，2018 年 4 月 27 日修正实施。

第二十条　铁路、公路、水上、航空的货运和邮政、快递等物流运营单位应当实行安全查验制度，对客户身份进行查验，依照规定对运输、寄递物品进行安全检查或者开封验视。对禁止运输、寄递，存在重大安全隐患，或者客户拒绝安全查验的物品，不得运输、寄递。

前款规定的物流运营单位，应当实行运输、寄递客户身份、物品信息登记制度。

第三十四条　大型活动承办单位以及重点目标的管理单位应当依照规定，对进入大型活动场所、机场、火车站、码头、城市轨道交通站、公路长途客运站、口岸等重点目标的人员、物品和交通工具进行安全检查。发现违禁品和管制物品，应当予以扣留并立即向公安机关报告；发现涉嫌违法犯罪人员，应当立即向公安机关报告。

第三十五条　对航空器、列车、船舶、城市轨道车辆、公共电汽车等公共交通运输工具，营运单位应当依照规定配备安保人员和相应设备、设施，加强安全检查和保卫工作。

第三十七条　飞行管制、民用航空、公安等主管部门应当按照职责分工，加强空域、航空器和飞行活动管理，严密防范针对航空器或者利用飞行活动实施的恐怖活动。

第三十九条　出入境证件签发机关、出入境边防检查机关对恐怖活动人员和恐怖活动嫌疑人员，有权决定不准其出境入境、不予签发出境入境证件或者宣布其出境入境证件作废。

第四十条　海关、出入境边防检查机关发现恐怖活动嫌疑人员或者涉嫌恐怖活动物品的，应当依法扣留，并立即移送公安机关或者国家安全机关。

四、《中华人民共和国民用航空安全保卫条例》

《中华人民共和国民用航空安全保卫条例》（以下简称《民用航空安全保卫条例》）于 1996 年 7 月 6 日由国务院发布，共有六章、四十条款。2011 年 1 月 8 日根据《国务院关于废止和修改部分行政法规的决定》修正。

《民用航空安全保卫条例》的立法目的是为了防止对民用航空活动的非法干扰，维护民用航空秩序，确保民用航空安全。

1.《民用航空安全保卫条例》对旅客行李检查的规定

乘坐民用航空器的旅客和其他人员及携带的行李物品，必须接受安全检查；但是，国务院规定免检的除外。拒绝接受安全检查的，不准登机，损失自行承担。

2.《民用航空安全保卫条例》对旅客证件检查的规定

安全检查人员应当查验旅客客票、身份证件和登机牌。

3.《民用航空安全保卫条例》对旅客实施人身检查的规定

安全检查人员使用仪器或者手工对旅客及其行李物品进行安全检查，必要时可以从严检查。已经安全检查的旅客应当在候机隔离区等待登机。

4.《民用航空安全保卫条例》关于严禁旅客携带违禁物品的规定

除国务院另有规定外，乘坐民用航空器的，禁止随身携带或者交运下列物品：

（1）枪支、弹药、军械、警械。

（2）管制刀具。

（3）易燃、易爆、有毒、腐蚀性、放射性物品。

（4）国家规定的其他禁运物品。

5.《民用航空安全保卫条例》对进入候机隔离区工作人员安全检查的条例

进入候机隔离区的工作人员（包括机组人员）及其携带的物品，应当接受安全检查。接送旅客的人员和其他人员不得进入候机隔离区。

6.《民用航空安全保卫条例》关于货物检查的规定

空运的货物必须通过安全检查或者对其采取的其他安全措施。货物托运人不得伪报品名托运或者在货物中夹带危险物品。

7.《民运航空安全保卫条例》关于邮件检查的规定

航空邮件必须经过安全检查，发现可疑邮件时，安全检查部门应当会同邮政部门开包查验处理。

8. 违反《民用航空安全保卫条例》的处罚机关

违反《民用航空安全保卫条例》的处罚机关是民航公安机关。

五、《中国民用航空安全检查规则》

作为民航空防安全工作的基础和核心，民航安全检查的工作质量影响到民航空防安全的安全系数，事关国家安全，直接关系社会公众生命财产安全。为进一步规范民航安全检查工作，最新修订的《中国民用航空安全检查规则》（以下简称《民用航空安全检查规则》）正式发布，并于 2017 年 1 月 1 日起正式实施（见附录）。

《民用航空安全检查规则》分总则，民航安检机构运行管理，民航安检员岗位职责，民航安检设备，民航安检工作勤务实施，旅客、行李物品的安全检查及处置，航空货物、航空邮件的安全检查及处置，其他人员、物品的安全检查及处置，民航安检应急处置，民航安检内部质量控制活动，附则，共九章九十二条。

六、《中国民用航空危险品运输管理规定》

《中国民用航空危险品运输管理规定》（以下简称《民用航空危险品运输管理规定》）于 2016 年 4 月 7 日经交通运输部部务会议通过，自 2016 年 5 月 14 日起施行。

《民用航空危险品运输管理规定》分总则、危险品航空运输的限制和豁免、危险品航空运输许可程序、危险品航空运输手册、危险品航空运输的准备、托运人的责任、经营人及其代理人的责任、危险品航空运输信息、培训、其他要求、监督管理、法律责任、附则，共十三章一百四十五条。

《民用航空危险品运输管理规定》的基本原则如下：

1. 经营人承运危险品必须取得民航局颁发的危险品运输许可证，并根据许可内容实施。

2. 国内经营人申请危险品航空运输许可的，应编写危险品航空运输手册和危险品培训大纲，建立危险品航空运输管理和操作程序、应急方案，按危险品培训大纲对员工进行培训。

3. 托运人有对货物进行正确申报和包装的责任。

4. 经营人有对货物进行检查的责任。

第 3 节　民航安全检查法规

一、民航安全检查法规的概念

民航安全检查法规是指国家立法机关和国家行政机关依据宪法、法律和国家政策制定的，实施民用航空安全检查的法律条例、规章、规定、办法、规则等规范性文件的总称。民航安全检查法规是民航安检机构实施技术检查的法律依据，是安检人员依法行使检查权力，保障民用航空安全的重要武器。

二、民航安全检查法规的特点和作用

1. 民航安全检查法规的特点

民航安全检查法规是实施民航安全检查的法律依据，具有规范性、强制性、专业性和国际性等特点。

（1）规范性

规范就是标准。安检工作是一项政策性很强的工作，处理问题需要有法律依据，不能随心所欲，更不能感情用事。民航安全检查法规的制定，使安检工作有法可依，有章可循。

（2）强制性

安全检查法规是由国家机关制定，以国家权力为基础，凭借国家机关的强制力来保证实施的行为规则，对所有旅客都有法律效力和约束力。安全检查法规的强制性表现在两个方面：一方面是规范的强制性；另一方面是执行的强制性，对违反法规的行为要依据情节追究法律责任。

（3）专业性

安全检查法规规定了安检工作的工作范围、方针原则及处罚处置的管理措施等，具有较强的专业性。

（4）国际性

安全检查法规的国际性特点在于它是根据国际公约及与航空安全有关的其他公约，结合国际形势，按国际标准制定的。它的效力范围适用于在我国任何机场乘坐民航班机的中外籍旅客。

2. 民航安全检查法规的作用

民航安全检查法规是民航安检机构实施安全检查的法律依据，是安检人员依法行使检查权力，保护旅客合法权益，保障民用航空安全的重要武器。民航安全检查法规的作用主要表现在以下方面：

（1）法律规范作用

所谓法律规范，即国家机关制定或认可，由国家强制力保证实施的一般行为规则。法律规范是人们共同遵守的行为准则，它规定人们在一定条件下可以做什么，禁止做什么，从而为人们提供做事的标准和尺度。安全检查法规就是从安全检查方面为安检人员和旅客提供的标准和尺度，从而保证空防安全和民航运输事业的发展。

民航安全检查法律的规范作用体现在：一是指引作用，它使人们清楚地懂得应该做什么、怎样做和不该做什么；二是评价作用，法规具有判断、衡量他人行为是合法还是违法的作用，使人们明确什么是合法、什么是违法；三是教育作用，它对人们今后的行为发生影响。

（2）业务指导作用

任何工作都必须有一定的理论和规范指导，否则就要偏离方向，造成失误。安检工作是民航安全工作的重要组成部分，具有专业性强、政策性强等特点。因此，在安检过程中，要不断监督安检人员加强对安全检查法规的学习，把法规作为安检工作的行为准则。只有依照法规去开展工作，依法进行严格检查，依法处理工作中的问题，才能促进安全检查工作的规章建设。

（3）惩罚约束作用

民航安全检查法规的惩罚约束作用体现在：一方面，安全检查法规对旅客具有约束力，不管旅客是否愿意，都必须接受安全检查。另一方面，安检人员在依法行使安全检查权力时，明确规定了安全检查的范围。在检查过程中查出违禁物品时，应根据有关规定分别处理。

思考与练习

1. 安全检查法规具有哪些特点？

2. 有关航空安全保卫的国际公约包括哪些？

第3章 民航安检人员礼仪

安检工作直接关系到千千万万旅客的人身和财产安全，因此对从业人员工作技能、资质和责任心都有着非常高的要求。安检人员每天都要面对形形色色的旅客、各种各样的问题，甚至是违禁和危险物品，因此除了需要精湛的安检业务技能之外，还需要具备较强的应急、处置能力，对旅客的亲和力和沟通服务能力，以及相关知识的学习能力等。

学习目标

- ☞ 掌握民航安检人员的形象礼仪规范
- ☞ 掌握民航安检人员的语言礼仪规范

第 1 节　民航安检人员形象礼仪

一、安检人员仪容规范

1. 保持面部清洁、无汗渍。

2. 发型自然大方，要定期修剪、经常梳洗。男性安检人员不准留长发、不准蓄须，留长发的女性安检人员在工作期间一般要求束发或盘发。

3. 口腔无异味，牙齿无异物。

4. 严禁文身。

5. 保持手部清洁，指甲应修剪整齐。

二、安检人员仪表规范

安检人员执勤时必须穿着制服，并遵守下列规定：

1. 按规定固定缀钉，佩戴安检标志、领带（领结）、帽徽、肩章，如图 3—1 所示。

2. 按规定着制式服装，服装样式由民航局统一规定，不同季节制服不得混穿。

3. 换季时应统一换装，换装时间由安检机构自行规定。

4. 须穿着黑色、深棕色皮鞋。

5. 着装应当整洁，不准不系纽扣、挽起袖子、卷起裤管、歪戴帽子，不准在制服外穿戴其他服饰等。

6. 按规定佩戴国家和上级部门统一制发的证章、证件和工号。

图 3—1　安检人员仪表规范

三、安检人员仪态礼仪规范（见图 3—2）

仪态是指人在行为中的姿势和风度。安检人员的仪态礼仪主要在安检现场的工作中体现，以表达对旅客的尊重。一般来讲，安检现场的仪态礼仪主要有以下类型：

图 3—2　安检人员仪态礼仪规范

1. 站姿是其他肢体语言的基础，安检人员在执勤时应时刻注意自己的站姿。

2. 态度和蔼，检查动作规范，不得推拉旅客。

3. 爱护旅客的行李物品，检查时轻拿轻放，不乱翻、乱扔，检查完毕后主动协助旅客整理好受检物品。

4. 不卑不亢，有礼有节。在旅客面前保持平和的心态、彬彬有礼，不因旅客地位的高低而给予差别对待。

5. 不与旅客过于亲密，要内外有别、公私分明、坚持原则，但对老弱病残旅客要给予特殊照顾。

6. 按章办事，耐心解释旅客提出的问题，不得借故训斥，刁难旅客。

7. 尊重旅客的风俗习惯，对旅客的穿戴打扮不取笑，不评头论足，遇事不围观。

第 2 节　民航安检人员语言礼仪

一、称呼规范

安检人员在执勤中，应注意使用规范用语对旅客进行称呼。一般称成年男性为先生，成年女性为女士、小姐；对重要的旅客应称呼首长或其职务。

二、礼貌用语规范

安检人员在安全检查工作中，应做到“请”字开头，“谢”字结尾。注意运用“您好”“请”“谢谢”“对不起”“再见”等文明用语。

服务时自觉使用安全检查执勤用语，热情有礼，不说服务忌语。

三、岗位规范用语

1. 验证岗位

验证岗位规范用语如下：

（1）您好，请出示您的身份证（或 ×× 证件）、机票和登机牌。

（2）对不起，您的证件与要求不符，我需要请示，请稍等。

（3）谢谢，请往里走。

2. 前传、维序岗位

前传、维序岗位规范用语如下：

（1）请把您的行李依次放在传送带上，请往里走（配以手势）。

（2）请稍等，……请进。

（3）请各位旅客按次序排好队，准备好身份证件、机票和登机牌，准备接受安全检查。

3. 人身检查岗位

人身检查岗位规范用语如下：

（1）请将您身上的手机、电子产品、钥匙等物品放入托盘内。

（2）先生（女士）对不起，安全门报警了，您需要重新检查一下。

（3）请摘下您的帽子。

（4）请您转身，请抬手。

（5）请问这是什么物品？您能打开给我看看吗？

（6）检查完毕，谢谢合作。

（7）请收好您的物品。

4. 开箱（包）检查岗位

开箱（包）检查岗位规范用语如下：

（1）对不起，请您打开这个包。

（2）对不起，这是违禁物品（限制物品），按规定不能带上飞机，请将证件给我，我给您办理暂存或移交手续。

（3）对不起，您不能随身携带刀具乘坐飞机，您可交送行人员带回或办理托运。

（4）谢谢合作，祝您一路平安。

思考与练习

1. 安检人员仪态礼仪规范有哪些？

2. 简述民航安检人员语言礼仪规范的要点。

第 4 章
民航机场证件检查

证件检查是民航安检部门的检查内容之一，是指安检人员通过正确的证件检查工作程序和方法，对乘机旅客身份证件进行查验，防止旅客用假身份证件或冒用他人身份证件乘机，同时发现和查控被通缉人员等。

学习目标

☞ 明确民航机场证件检查工作，掌握旅客乘机的有效证件种类

☞ 掌握民航机场证件检查的工作程序和方法

第 1 节　民航机场证件检查概述

证件检查是民航安全检查的重要内容。在证件检查中，安检人员负责检查旅客的有效身份证件、客票、登机牌，识别涂改、伪造、冒名顶替及其他无效证件。

一、旅客乘机的有效证件

根据《民用航空安全检查规则》第三十一条要求，乘坐国内航班的旅客应当出示有效乘机身份证件和有效乘机凭证。有效乘机身份证件的类型具体见表 4—1。

表 4—1　　国内航班旅客的有效乘机身份证件

序号	有效身份证件的类型
1	中国大陆地区的居民身份证、临时居民身份证、护照、军官证、文职干部证、义务兵证、士官证、文职人员证、职工证、武警警官证、武警士兵证、海员证
2	香港、澳门地区居民的港澳居民来往内地通行证
3	台湾地区居民的台湾居民来往大陆通行证
4	外籍旅客的护照、外交部签发的驻华外交人员证、外国人永久居留证
5	民航局规定的其他有效乘机身份证件
6	十六周岁以下的中国大陆地区居民的有效乘机身份证件，还包括出生医学证明、户口簿、学生证或户口所在地公安机关出具的身份证明

按照公安部、民航局有关规定，乘机有效证件可归纳为 4 大类：居民身份证件、军人类证件、护照类证件和其他可以乘机的有效证件。

1. 居民身份证件

居民身份证件主要是指中国大陆地区的居民身份证和临时居民身份证。

(1) 第二代居民身份证的式样和登记内容

1）第二代居民身份证式样。第二代居民身份证是由多层聚酯材料复合而成的单页卡式证件，规格为 85.6 mm × 54.0 mm × 1.0 mm（长 × 宽 × 厚）。以长城为背景图案的主标志物，配以“中华人民共和国居民身份证”名称，如图 4—1 所示。

证件正面印有：中华人民共和国居民身份证的证件名称，采用彩虹扭索花纹（也称底纹），颜色从浅蓝色到浅粉红色再到浅蓝色顺序排列，颜色衔接处相互融合、自然过渡。“国徽”图案在证件正面左上方突出位置，颜色为红色；证件名称分两行排列于“国徽”图案右侧证件上方位置；以点划线构成的浅蓝灰色写意“长城”图案位于国徽和证件名称下方证件版面中心偏下位置。签发机关和有效期限两个项目位于证件下方。

证件背面印有：与正面相同的彩虹扭索花纹，颜色与正面相同；姓名、性别、民族、出生日期、常住户口所在地住址、公民身份号码和本人照片 7 个项目及持证人相关信息；定向光变色的“长城”图案位于性别项目的位置，光变色存储的“中国 CHINA”字符位于照片与公民身份号码项目之间的位置。

证件采用汉字与少数民族文字。根据少数民族文字书写特点，采用少数民族文字的证件有两种排版格式：一种是同时使用汉字和蒙文的证件，蒙文在前，汉字在后；另一种是同时使用汉字和其他少数民族文字（藏文、壮文、彝文、维文、朝鲜文）的排版格式，少数民族文字在上，汉字在下。

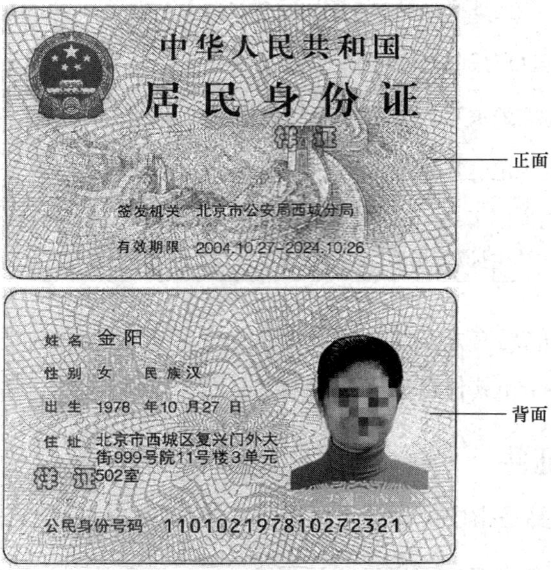

图 4—1 二代身份证样证

2）第二代身份证登记内容。第二代身份证具备视读与机读两种功能。视读、机读的内容共有九项：姓名、性别、民族、出生日期、常住户口所在地住址、公民身份号码、本人照片、证件的有效期限和签发机关。

（2）临时身份证明的式样和登记内容

旅客的居民身份证在户籍所在地以外被盗或丢失的，可凭案发、报失地公安机关出具的临时身份证明乘机。临时身份证的有效期限有 3 个月和一年两种。应申领居民身份证而尚未领到证件的人和居民身份证丢失、损坏未补领到证件的人，发给有效期为 3 个月的证件；16 周岁以上常住人口待定人员发给有效期为一年的证件。有效期为 3 个月的，使用阿拉伯数字填写；有效期为一年的，使用汉字填写。

临时身份证的正面印有蓝色的长城烽火台、群山和网纹图案；背面印有黄色的网状图案，并在右下角粘贴印有天安门广场图案的全息胶片标志。矩形全息胶片标志规格约为 12 mm × 9 mm，由拱形环绕的天安门广场、五星和射线组成。图案呈多种光谱色彩，全息胶片标志粘贴在证卡背面右下角，分别距证卡上边和右边为 3 mm，如图 4—2 所示。

临时身份证为单页卡式，规格、登记项目均与二代居民身份证相同。临时身份证明应贴有本人近期照片，写明姓名、性别、年龄、工作单位（住址）、有效日期，并在照片下方加盖骑缝章。

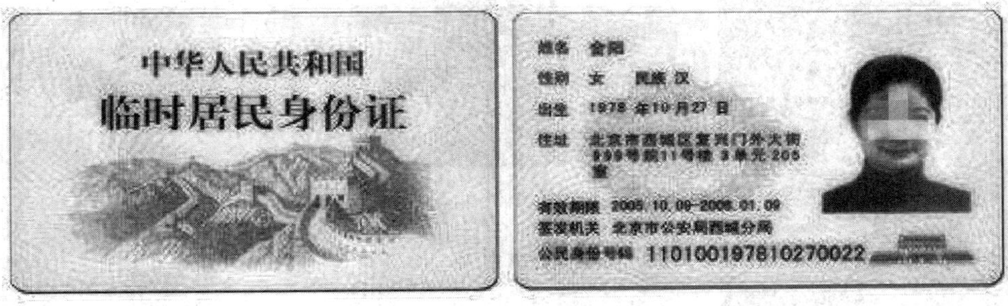

图 4—2　临时身份证样证

2. 军人类证件

军人类证件包括军官证、文职干部证、义务兵证、士官证、文职人员证、职工证以及武警警官证、武警士兵证等。经中央军委批准，中国人民解放军全军从 2016 年 7 月 1 日起正式换发启用 2016 式证件，武警部队也统一换发 2016 式警官证。

（1）军官证和文职干部证

军官证和文职干部证主要具有以下特点：一是证件号统一采取“军”冠字头加 7 位数字的形式编码；二是封皮颜色为暗红色，背面凹烫“中央军委政治工作部干部局监制”字样；三是内夹单页折叠式证芯，证芯使用专用证券纸和专色油墨定制生产，运用浮雕、定位水印、安全线、解锁、缩微文字、无色荧光等多项防伪技术；四是证件内容新增加密二维码，嵌印至证芯底部，可通过军队干部部门查核验证。

军官证和文职干部证内芯的登记内容分别为照片、编号、发证机关、发证日期、有效期、姓名、出生年月、性别、籍贯、民族、部别、职务和衔级等。

军官证封面和内芯如图 4—3 和图 4—4 所示。其他军人类证件的样式基本与其相仿，只是封皮颜色和个别内容上的区别。在安检时应注意区分。

（2）义务兵证和士官证

义务兵证和士官证封皮颜色为正红色。证件为本芯式，采用多项防伪技术制作，背面凹烫“中央军委政治工作部兵员和文职人员局监制”字样，内夹单页折叠式证芯。义务兵证证件号码统一采取“兵”冠字头加数字的编码形式，士官证证件号码统一采取“士”冠字头加数字的编码形式，证件编号与存留档案的士兵登记表唯一编号一致，新增加密二维码。

图 4—3　军官证

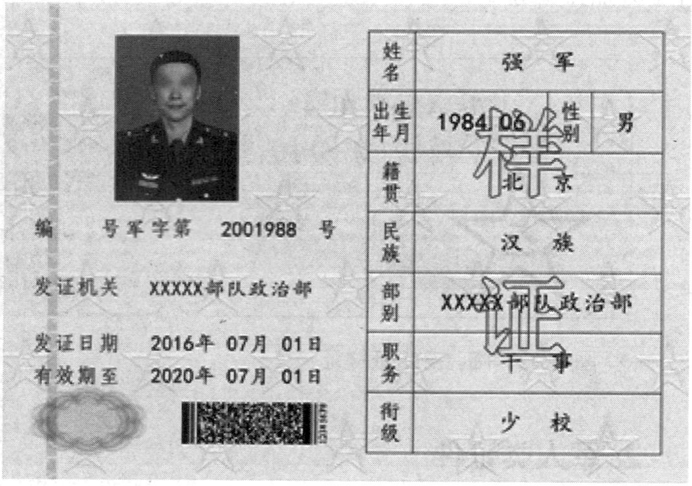

图 4—4　军官证内芯

义务兵证和士官证内芯的登记内容与军官证相同。

(3) 文职人员证和职工证

文职人员证和职工证封皮颜色为暗红色。证件为本芯式，采用多项防伪技术制作，背面凹烫“中央军委政治工作部兵员和文职人员局监制”字样，内夹单页折叠式证芯。文职人员证统一采用“文”冠字头加数字的编码形式。职工证统一采用“职”冠字头加数字的编码形式。

文职人员证和职工证内芯的登记内容与军官证相同。

(4) 警官证与士兵证

警官证为本芯式，采用多项防伪技术制作，颜色为暗红色，封面烫印警徽及文字，如图 4—5 所示。背面凹烫“武警部队政治工作部干部局监制”字样，内夹单页折叠式证芯。

警官证内芯的登记内容为照片、编号、发证机关、发证日期、有效期、姓名、出生年月、性别、籍贯、民族、部别、职务和衔级等。

中国人民武装警察部队士兵证包括义务兵证和士官证。义务兵证和士官证的封皮颜色为正红色，如图 4—6 和图 4—7 所示。证件为本芯式，采用多项防伪技术制作，封面烫印警徽及文字，背面凹烫“武警部队政治工作部兵员和文职人员局监制”字样，内夹单页折叠式证芯。

图 4—5　中国人民武装警察部队警官证

图 4—6　义务兵证

图 4—7　士官证

义务兵证和士官证使用同一种证芯，其证件编号分别采用“兵”和“士”冠字头加数字的编码形式，设置姓名、出生年月、性别、籍贯、民族、部别、职务、衔级以及编号、发证机关、发证日期、有效期等栏，新增加持证人员自然信息加密生成的二维码嵌印至内芯底部。

3. 护照类证件

护照类证件包括护照，香港、澳门地区居民的港澳居民来往内地通行证，台湾地区居民的台湾居民来往大陆通行证，外籍旅客的护照，外交部签发的驻华外交人员证，外国人永久居留证，海员证等。

（1）护照

护照是一个国家的公民出入本国国境和到国外旅行或居留时，由国家发给的一种证明该公民国籍和身份的合法证件。根据安检人员经常接触的类型不同，护照可分为中国护照和外国护理。

1）中国护照，包括外交护照、公务护照（墨绿色封皮）、公务普通护照（深棕色封皮）和因私普通护照（红棕色封皮），四种护照的说明及图示见表 4—2。

表 4—2　　中国护照的名称、说明及图示

护照名称	说明	图示
外交护照	一国政府依法颁发给国家元首、政府首脑及高级官员，外交代表，使、领馆官员等人从事外交活动使用的护照。护照封面颜色多种多样，但一般都印有“外交护照”字样的明显标识	
公务护照	由外交部，中华人民共和国驻外使、领馆或者外交部委托的其他驻外机构以及外交部委托的省、自治区、直辖市和设区市人民政府外事部门颁发给中国各级政府部门副县、处级（含）以上公务员，中国派驻国外的外交代表机关、领事机关和驻联合国组织系统及其专门机构的工作人员及其随行配偶、未成年子女使用的护照	

续表

护照名称	说明	图示
公务普通护照	由外交部，中华人民共和国驻外使、领馆或者外交部委托的其他驻外机构以及外交部委托的省、自治区、直辖市和设区市人民政府外事部门颁发给中国各级政府部门副县、处级以下公务员和国有企事业单位因公出国人员等使用的护照	
因私普通护照	是申请人本人持户口簿、居民身份证到户口所在地公安出入境管理机关申请办理的护照，需领取、填写《中国公民因私出国申请表》，由工作单位或派出所负责对申请人出国签署意见	

2）外国护照。国外大多数国家的护照也分为外交护照、公务护照、普通护照等。图 4—8 至图 4—10 所示为美国护照的几种类型。

图 4—8　美国外交护照

图 4—9　美国公务护照

图 4—10　美国普通护照

（2）港澳居民来往内地、台湾居民来往大陆通行证

港澳居民来往内地通行证，俗称回乡证，由中华人民共和国公安部出入境管理局签发，是具有中华人民共和国国籍的香港特别行政区及澳门特别行政区居民来往中国内地所用的证件，如图 4—11 所示。台湾居民来往大陆通行证是中国台湾地区居民来往中国大陆所持有的证件，如图 4—12 所示。

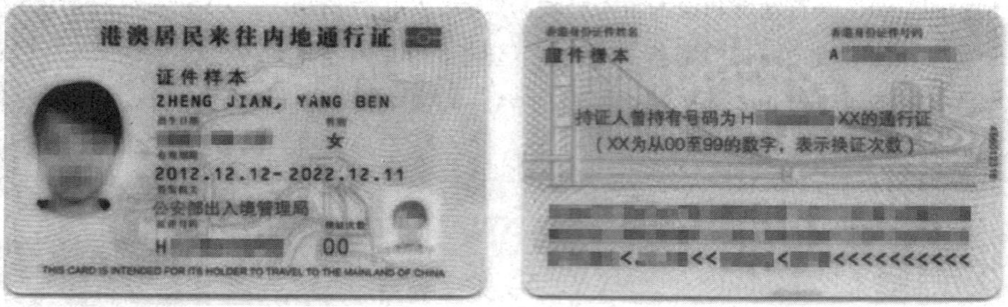

图 4—11　港澳居民来往内地通行证

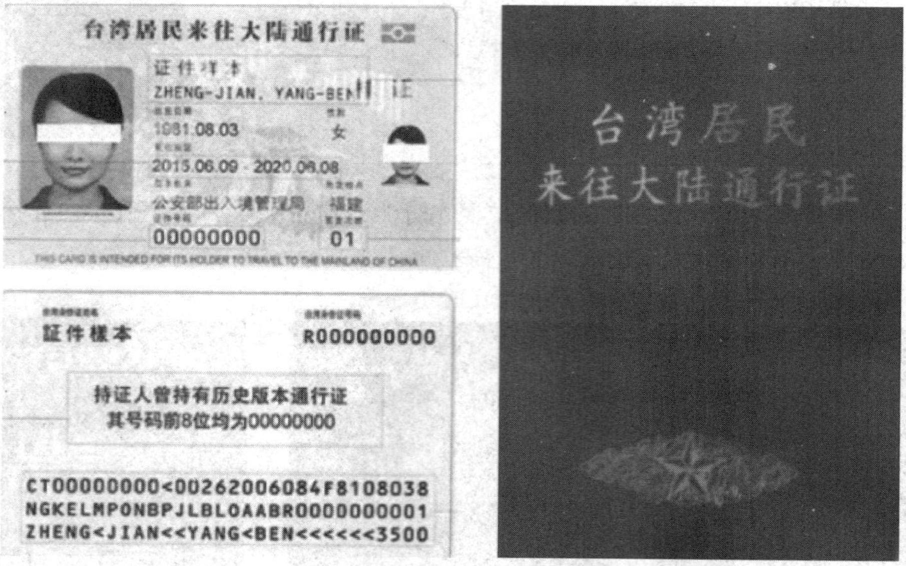

图 4—12　台湾居民来往大陆通行证

（3）外交部签发的外国人永久居留证

外国人永久居留证是指外国人在中国居留期限不受限制的凭证，或者说是获得在中国永久居留资格的外国人在中国境内居留的合法身份证件，如图 4—13 所示。

（4）海员证

海员证是具有中国国籍的海员出入中国国境和在境外通行使用的有效身份证件。海员证包含签发国的声明，向其他所有国家表明持有人为本国公民身份，并且请求允许其持有人过境，同时享有国际法所规定的待遇。海员证如图 4—14 所示。

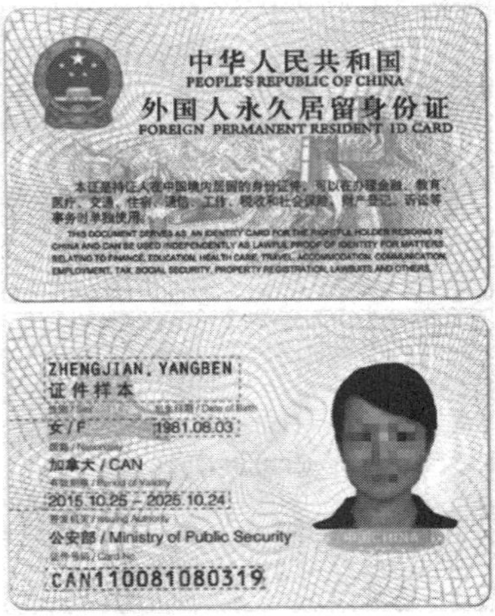

图 4—13　外国人永久居留证

图 4—14　海员证

4. 其他可以乘机的有效证件

（1）全国人大代表证、全国政协委员证。

（2）出席全国或省、自治区、直辖市的党代会、人代会、政协会，工、青、妇代表会和劳模会的代表所属县、团级（含）以上党政军主管部门出具的临时身份证明。

（3）年事已高的老人（按法定退休年龄掌握），由接待单位、本人原工作单位或子女、配偶工作单位［必须是县、团级（含）以上单位］出具的临时身份证明。

（4）十六周岁以下的中国大陆居民的有效乘机身份证件，还包括学生证（见图 4—15）、户口所在地公安机关出具的临时身份证明（见图 4—16）、出生医学证明（见图 4—17）或居民户口簿（见图 4—18、图 4—19）。

图 4—15　学生证

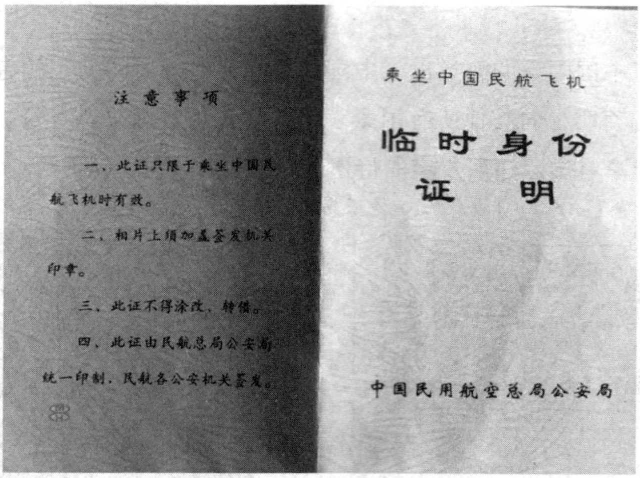

图 4—16　临时身份证明

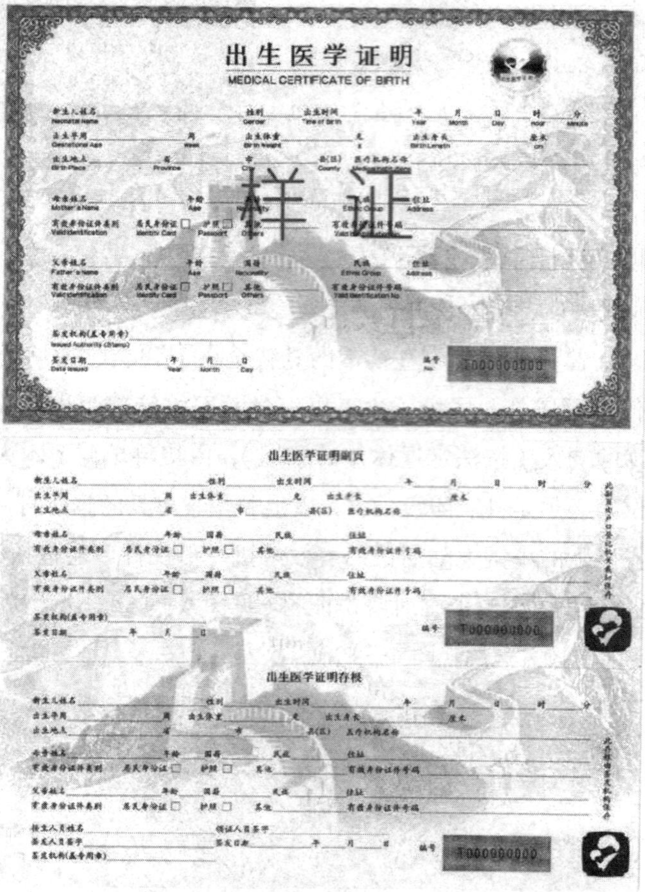

图 4—17　出生医学证明

图 4—18　居民户口簿

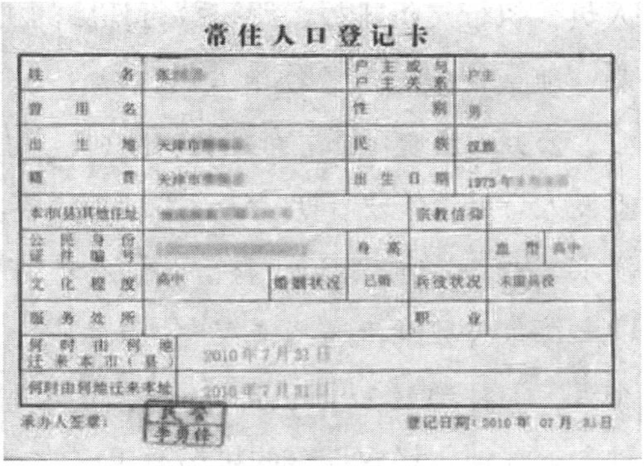

图 4—19　居民户口簿内页

二、机场控制区的各类通行证件

机场控制区通行证件一般分为人员证件和车辆通行证。人员证件分为全民航统一制作的人员证件、各机场制作的人员证件以及其他通行证件。

1. 全民航统一制作的证件

全民航统一制作的人员证件包括空勤登机证、公务乘机通行证和航空安全员执照，三者均适用于全国各民用机场控制区（含军民合用机场的民用部分）。登机时，只允许登本航空公司的飞机，注有“民航”二字的适用于各航空公司的飞机。

（1）空勤登机证

空勤登机证适用于全国各民用机场控制区（含军民合用机场的民用部分），如图 4—20 所示。

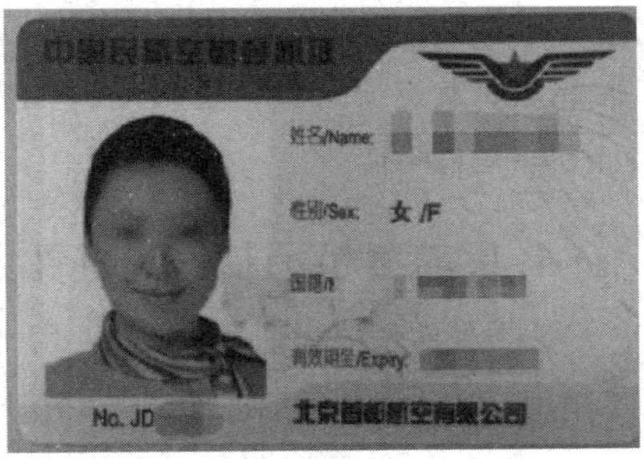

图 4—20　空勤登机证

空勤人员执行飞行任务时，须着空勤制服（因工作需要着其他服装的除外），佩戴空勤登机证，经过安全检查进入候机隔离区或登机。因临时租用的飞机或借调人员等原因，空勤人员须登上与其登机证适用范围不同的其他航空公司飞机时，机长应主动告知飞机监护人员。

（2）公务乘机通行证

公务乘机通行证全称为中国民航公务乘机通行证，由中国民用航空局公安局（以下简称“民航局公安局”）统一制作，由民航局公安局、民航地区管理局公安局、中国民用航空飞行学院公安局管理和签发。飞行人员，乘务人员，安保人员，监察人员，航卫人员，执行飞机排故、跟班放行任务的机务维修人员，参与航线实习的航务、签派、管制、航空情报、气象预报人员执行任务时，可申请办理公务乘机通行证。

公务乘机通行证上有姓名、性别、单位、职务、身份证号、前往地、使用期限、事由、签发人意见、签发日期、注意事项等内容。签发公务乘机通行证应当打印或用蓝黑、碳素墨水笔手工填写，字迹工整，不得涂改，“骑缝章”和“单位印章”处需加签发单位印章。

每张公务乘机通行证仅向一人签发，有效期一般为七日，特殊情况最长不得超过一个月，前往地最多填写四个，应当用大写数字表明地点数目。公务乘机通行证只限在证件“前往地”栏内填写的机场适用。

持证人员进入机场控制区时，应当持公务乘机通行证、本人有效居民身份证和任务书（所在单位证明函或监察员证件），在指定通道接受安全检查。机场安检人员应当在公务乘机通行证上用钢笔或圆珠笔标注查验日期，并在标注的日期上加盖安全检查验讫章。

在公务乘机通行证使用 20 年后，2017 年 10 月 10 日，民航局发布《关于取消签发和使用公务乘机通行证的通知》，决定从 2017 年 10 月 15 日起取消签发和使用公务乘机通行证。并提出做好存量证件的管理工作、对现有剩余证件集中组织销毁，启动替代措施、确保企业运行和正常工作不受影响，加大查验和监管力度等要求，坚决防止违规使用证件进出机场控制区事件的发生。

3. 航空安全员执照

航空安全员执照由民航局公安局统一制发，只适用于专职航空安全员，适用范围与空勤登机证相同，如图 4—21 所示。

图 4—21　航空安全员执照

4. 民航各机场制作的证件

这类证件是根据管理的需要，由所在机场制发的有不同用途和使用范围的证件。从时限上可分为长期、临时和一次性证件，从使用范围上可分为通用、客机坪、候机楼、隔离区、国际联检区等区域性证件，从使用人员上可分为民航工作人员、联检单位工作人员和外部人员等。

（1）民航工作人员通行证

这是因工作需要发给民航内部工作人员进出某些控制区域的通行凭证，由所在机场统一制发和管理。证件外观式样、颜色不尽相同，但必须具备以下项目：机场名称、持证人近期照片、有效起止日期、可进入的控制区域、持证人姓名、持证人单位、证件编号、发证机构（盖章），以及防伪标识等其他技术要求。

证件背面应说明允许通行和到达的区域：一般分为国内候机隔离区、国际候机隔离区、联检厅、抵离区、客机坪、客舱、货舱、货运区、维修区、贵宾区等。

（2）联检单位人员通行证

此证适用于对外开放的有国际航班的机场，主要发给在机场工作的联检单位的有关工作人员，这些单位一般是出入境边防检查站、海关、检疫部门、口岸办、出入境管理部门等。

此证由所在机场制发和管理，其使用范围一般只限于与持证人工作相关的区域。证件的外观式样与项目内容不尽相同，内容要素与前面所讲“民航工作人员通行证”相同。

（3）外部人员通行证

外部人员通行证的使用人员为因工作需要进入机场有关区域的民航以外有关单位的工作人员。这类证件又分为“专用”和“临时”两种，专用证有持证人照片，临时证无持证人照片，专用证的登机项目内容与“民航工作人员通行证”相同。临时证则没有那么多内容，但必须有允许到达的区域标记，此证一般与本人身份证同时使用。持外部人员通行证者，必须经安全检查后方可进入隔离区、停机坪。

1）专机工作证。专机工作证由民航公安机关制发，一般为一次性有效证件，发给与本次专机任务有关的领导、警卫、服务员等工作人员。凭专机工作证可免检进入本次专机任务相关的工作区域。

专机工作证的式样、颜色不一，但应具备以下基本内容和要素：“专机工作证”字样、专机任务的代号、证件编号、颁发单位印章、有效日期等。专机工作证的颜色应明显区分于本机场其他通行证件的颜色，以便于警卫人员识别。

2）包机工作证。包机工作证由民航公安机关制发和管理，发给与航空公司包机业务有关的人员，持证人凭证可进入包机工作相关的区域。证件内容根据使用时间长短而定，短期的应贴有持证人照片，一次性的可免贴照片。

3）押运证。押运证有多种式样和形式，此证主要适用于有押运任务的单位和负责押运的工作人员。

担负机要文件、包机和特殊货物押运任务的人员，在飞机到达站或中途站时，可凭押运证在停机坪监卸和看管所押运的货物。

4）军事运输通行证。以有军事运输任务的机场公安机关颁发的证件为准，使用人员为与军事运输工作相关的人员，可凭证到达与军事运输相关的区域，此证应注明持证人单位、姓名、有效期限并加盖签发单位印章。

5）侦察证。侦察证全称为中华人民共和国国家安全部侦察证，由国家安全部统一制作、签发，全国通用。侦察证式样为：红色封面，上部印有盾牌、五角星、短剑及“国家安全”字样组成的徽章图案，下部印有持证人照片、姓名、性别、职务、单位、签发机关、国家安全部印章、编号；封三印有持证者依法可以行使的职权。

国家安全机关的工作人员因工作需要进出机场隔离区、停机坪时，凭机场通行证件通行；在外地执行任务时，凭省、自治区、直辖市国家安全机关介绍信（国家安全部机关凭局级单位介绍信）和侦察证进入上述区域。

国家安全机关的工作人员持侦察证乘机执行任务时，机场安检部门按正常安检程序对其实施安全检查。

6）车辆通行证。凡进入机场控制区的车辆都必须持有专用的通行证件。各机场的车辆通行证件式样不尽相同，但一般应具备以下基本内容和要素：机场名称、车辆类型及牌号、有效起止日期、可进入的控制区域、准许通行的道口、车辆使用单位、证件编号、发证机构，以及其他技术要求等。

三、旅客客票与登机牌

1. 旅客客票

旅客是指经承运人同意在民用航空器上载运的除机组成员以外的任何人。旅客客票是指由承运人或者承运人代表所填开的被称为“客票及行李票”的凭证，包括运输合同条件、声明、通知以及乘机联和旅客联等内容。

（1）旅客客票的种类

旅客客票按旅客的年龄不同，可分为婴儿票、儿童票与成人票；按航程不同，可分为单程客票、联程客票与来回程客票；按航班和乘机时间确定情况不同，可分为定期客票（OK）与不定期客票（OPEN）。

（2）旅客客票的内容

旅客客票内容包括承运人名称、出票人名称、出票时间和地点、旅客姓名、航班始发地点、经停地点、目的地点、航班号、舱位等级、日期和离站时间、票价和付款方式、票号、运输说明事项等。

（3）旅客客票的使用规定

旅客客票为记名票，只限客票上所列姓名的旅客本人使用，不得转让和涂改，否则客票无效，票款不退。

旅客应在客票有效期内，完成客票上所列明的全部航程。

定期客票指列明航班、乘机日期和订妥座位的客票。客票自旅客旅行开始之日起，一年内运输有效。如果客票全部未使用，则从填开客票之日起，一年内运输有效。有效期从旅行开始或填开客票之日的次日零时起至有效期期满之日的次日零时为止。

2. 登机牌

（1）登机牌的内容

目前国内使用的登机牌主要内容有航班号、日期、旅客姓名、座位号、目的地和登机口等。登机牌上有明显的头等舱（F）、公务舱（C）、经济舱（Y）字样及航空公司名称和标志等。目前，登机牌分为电脑印制与手工填写两种，如图 4—22 所示。

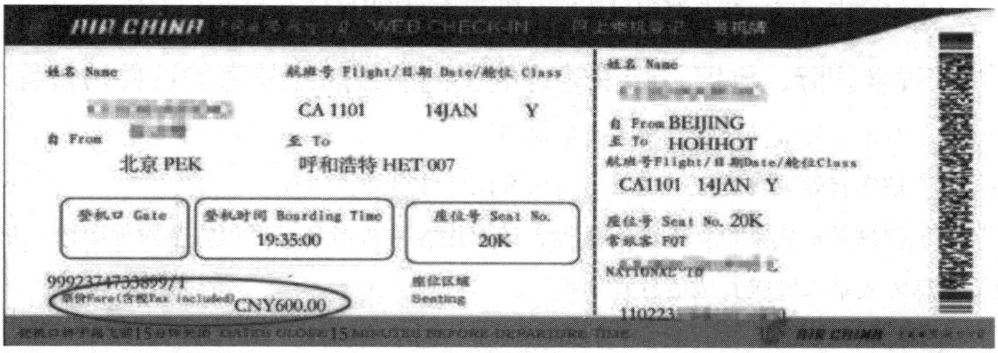

图 4—22　登机牌

（2）登机牌的使用规定

登机牌是旅客对号登机入座和地面服务员清点登记旅客人数的依据，和机票一起构成旅客乘机的凭证。旅客在接受安全检查时，登机牌应与本人身份证件、机票同时出示，由安检人员检查后在登机牌上加盖验讫章。登机时，由值机人员查验。

登机牌分为“乘机联”和“旅客联”：“乘机联”指客票中标明“适用于运输”的部分，标识该乘机联适用于指定的两个地点之间的运输；“旅客联”指客票中标明“旅客联”的部分，始终由旅客持有。

第 2 节　民航机场证件检查工作程序和方法

一、证件检查的程序

证件检查是指对旅客的有效乘机身份证件和有效乘机凭证进行查验。检查证件时，应采取检查、观察和询问相结合的方法。

1. 乘坐国内航班旅客的证件检查程序

（1）进行人、证对照，确认人、证相符；验证检查员接证件时，就要注意观察持证人的“五官”特征，拿到证件后再看证件上的照片与持证人的“五官”是否相符。

（2）通过仪器或者人工方式识别证件真伪，确认证件有无变造、伪造痕迹。

（3）核实有效乘机凭证的姓名与有效乘机身份证件是否相符。

（4）扫描并核实乘机凭证的有效性，读取旅客乘机信息，采集旅客面部图像并将相关信息集成录入民航安检信息管理系统。

（5）检查无误后，在有效乘机凭证上加注验讫标识放行。

2. 乘坐国际、地区及特殊管理的国内航线航班旅客的证件检查程序

（1）对本人及证件照片进行人、证对照。

（2）核实有效乘机凭证上的姓名与旅客证件姓名是否一致。

（3）扫描并核实乘机凭证的有效性，读取旅客乘机信息，采集旅客面部图像，并将相关信息集成录入民航安检信息管理系统。

（4）检查无误后，在有效乘机凭证上加注验讫标识放行。

对于戴墨镜、用围巾遮挡面部、戴口罩、戴帽子等影响人、证识别或面部图像采集的旅客，应要求其摘下后进行验证检查工作。

二、证件检查的方法和注意事项

1. 证件检查的方法

查验证件时应采取检查、观察和询问相结合的方法，具体为一看、二对、三问。

（1）看

“看”就是对证件进行检查，要注意甄别证件的真伪，认真查验证件的外观式样、规格、塑封、暗记、照片、印章、颜色、字体、印刷，以及编号、有效期限等主要识别特征是否与规定相符，有无变造、伪造的疑点。对第二代居民身份证件进行检查时，要注意对证件直观和数字防伪等主要特征进行辨别，也可以利用专业证件阅读器进行扫描，辨别真伪，注意查验证件有效期是否过期失效。检查证件如图 4—23 所示。证件识别的技术方法有如下几种：

图 4—23　检查证件

知识链接

第二代身份证防伪特征

1. 外观

真证正、反两面的花纹清晰，表面不光滑，有摩擦感；而假证花纹模糊，表面光滑。真证较硬，假证较软。

真证正面以写意的“万里长城”为背景，“国徽”图案在正面左上方突出位置，颜色为红色。背面有长城烽火台印记，照片下面有“中国 CHINA”标识，字符周围有渐变花纹，外沿呈椭圆形。底纹中隐含有微缩字符，微缩字符由“居民身份证”汉语拼音字头“JMSFZ”组成。少数民族证件上由少数民族文字和汉字组成。

2. 颜色

扭索花纹采用彩虹印制，真证颜色从浅蓝色到浅粉红色再到浅蓝色，真证正面写意图案采用荧光印制，背面采用定向光变色膜。

3. 防伪膜

真证防伪膜薄而不易脱落，假证厚而极易被分开。

4. 荧光图案

真证不同角度可变颜色，假证不具备呈现三种颜色的技术。

5. 缩微字符串

真证背面隐藏有缩微印刷字符组成的线条，字迹清晰；假证模糊不清。

6. 有效期

16周岁至25周岁的居民，居民身份证有效期为10年；26周岁至45周岁的居民，居民身份证有效期为20年；46周岁以上的居民，居民身份证长期有效。未满16周岁的公民自愿申请领取居民身份证的，有效期5年。身份证所注年龄与有效期不一致的为假证。

（2）对

就是观察辨别持证人与证件照片的性别、年龄、相貌特征是否吻合，有无疑点。要注意识别冒名顶替的情况，发现可疑情况，应对持证人仔细查问。安检人员对证件照片与持证人进行对比，如图4—24所示。

图4—24 安检人员对证件照片与持证人进行对比

（3）问

就是对有疑点的证件，通过简单询问其“姓名、年龄、出生日期、生肖、单位、住址”等，进一步加以核实。如图4—25所示。

2. 证件检查的注意事项

（1）检查中要注意看证件上的有关项目是否有涂改的痕迹。

（2）查验证件时要注意方法，做到自然大方、态度和蔼、语言得体，以免引起旅客反感。

图 4—25　查问持证人

（3）注意观察旅客穿戴有无异常，如有戴墨镜、戴围巾、戴口罩、戴帽子等伪装嫌疑的穿着，应让其摘下，以便于准确核对。

（4）应注意工作秩序，集中精力，防止漏验证件或漏盖验讫章；验证中发现疑点时，要慎重处理，及时报告。

（5）检查要注意发现通缉、查控对象。

（6）根据机场流量、工作标准以及验证、前传、引导、人身检查岗位的要求适时验放旅客。

三、机场控制区证件的检查方法

查验控制区通行证件以民用航空主管部门及各机场有关文件为准。进入机场控制区证件检查的一般方法：看证件外观式样、规格、塑封、印刷、照片是否与规定相符，是否有效；检查持证人与证件照片是否一致，确定是否为持证人本人；看持证人到达的区域是否与证件限定的范围相符；如有可疑，可向证件所注的使用单位或持证人本人核问清楚。

具体对工作人员证件、机组人员和一次性证件的检查方法如下：

1. 对工作人员证件的检查

（1）检查证件外观式样、规格，确认塑封、印刷、照片是否完好、正常，证件是否有效；检查持证人与证件上的照片是否一致；检查持证人证件的适用区域。

（2）检查完毕，将证件交还持证人。经查验后符合的放行，不符合的拒绝进入。

2. 对机组人员的查验

（1）对机组人员需查验空勤登机证，做到人、证对应。

（2）对新加入机组的人员应查验其《中国民航公务乘机通行证》（加入机组证明信）、有效身份证件或工作证件（或学员证）。

3. 对一次性证件的查验

当持证人进入控制区相关区域时，验证员应查验其所持一次性证件的通行区域权限和日期，具体办法按各机场有关规定执行。

四、证件检查情况处置

1. 安全检查验讫标识使用管理知识

民航安检机构应当建立安检验讫标识管理制度，规范安检验讫标识的制作、发放、使用、管理、保管工作，防止安检验讫标识违规使用和管理失控。

民航安检机构使用的安检验讫标识应当能够被有效查验、识别，通过使用安检验讫标识应能够有效区分已检和未检的人员及货物邮件。

安检验讫章实行单独编号、集中管理、落实到各班（组）使用，安检验讫章不得带离工作现场，遇到特殊情况需带离时，必须经安检部门值班领导批准。

2. 证件检查情况的处置程序

（1）发现旅客的证件存在问题时，首先要将旅客的证件或机票控制在检查员手中，并密切关注旅客。

（2）在密切关注旅客的同时，应联系现场值班领导。

（3）等现场值班领导到达后，应向其说明情况，并将相关手续及旅客转交值班领导进行处理。

3. 涂改、伪造、冒名顶替证件的处理方法

（1）旅客持涂改、伪造、变造、冒名顶替证件乘机是违法行为，发现后应立即报告值班领导，做好登记，并移交机场公安机关审查处理。

（2）如果是境外人员非法持有国内居民身份证件时，应将其移交机场公安机关处理。

（3）如果上述旅客年龄已高（按法定离退休年龄掌握）、经机场公安机关查明真实身份且无前科的情况下，在收缴其非法证件并依法处罚后，可视情况由安检机构对其实

施严格的安全检查，准予乘机。

4. 过期证件的处理方法

（1）对乘坐国内航班的旅客有效乘机身份证件过期的，不予放行。

（2）旅客所持临时居民身份证过期，15 天以内经值班领导批准可以放行，超过 15 天的不予放行。

5. 旅客因故不能出示居民身份证件的处理方法

中国境内公民使用护照、往来港澳通行证、往来台湾通行证乘坐国内航班的，原则上应当要求旅客提供居民身份证或者民用机场公安机关签发的《乘坐民航飞机临时身份证明》。

旅客因故不能出示居民身份证件，但又不具备上述其他乘机证件，应交现场值班领导处理。

对乘坐国内航班的有效乘机身份证件遗失、过期、损坏或者因故不能出示的中国境内公民，核验其是否携带下列证件或证明，要素齐全的，予以放行。

（1）公安机关出具的贴有本人近期免冠证件照、加盖专用章并注明有效期的临时身份证明或户籍证明。

（2）旅客申领居民身份证期间，公安机关出具的贴有本人近期免冠证件照、加盖户籍专用章并注明有效期的《申领居民身份证回执》。

（3）民用机场公安机关签发的贴有本人近期免冠证件照、在有效期内的制式《乘坐民航飞机临时身份证明》。

乘坐国内航班的境外旅客（包括外籍旅客，港、澳、台旅客）因有效乘机身份证件遗失或者办理有效乘机身份证件签证延期不能出示的，可凭公安机关出入境管理部门出具的贴有本人近期免冠证件照、并注明有效期的护照报失证明、外国人签证证件受理回执检查放行，要素不全的，不予放行。

执行机要交通运输的机要交通员乘坐民航班机，其有效乘机凭证姓名与有效乘机身份证件不一致的，经公共航空运输企业确认后，予以放行。

五、重点人员的控制方法

对重点在控人员的查缉与控制包括查控和接控。

1. 查控

查控工作是一项政策性较强的工作，是通过公开检查的形式，发现、查缉、控制恐怖分子、预谋劫机分子、刑事犯罪和经济犯罪分子、走私贩毒和其他犯罪分子的一种手段。因此，工作中要认真对待，不能疏忽。

2. 接控

（1）公安、安全部门要求查控时应通过机场公安机关，安检机构不直接接控。

（2）接控时，应查验查控对象通知单等有效文书，查控对象通知单应具备以下内容和要素：查控对象的姓名、性别、所持证件编号，查控的期限和要求，联系单位，联系人及电话号码。

（3）接控后要及时安排布控措施。

（4）如遇特殊、紧急、重大的布控而来不及到民航公安机关办理手续时，安检机构在查验有效手续齐全的情况下可先布控，但应要求布控单位补办相关手续。

（5）验证员应熟记在控人员名单和主要特征。

（6）对各类查控对象的查控时间应有明确规定，安检机构要定期对布控通知进行整理，对已超过时限的或已撤控的进行清理。

3. 发现查控对象时的处理方法

检查中发现查控对象时，应根据不同的查控要求采取不同的处理方法。

发现被通缉的犯罪嫌疑人时，要沉着冷静、不露声色、待其进入安检区后，按预定方案处理，同时报告值班领导，尽快与布控单位取得联系。将嫌疑人移交布控单位时，要做好登记，填写移交清单并双方签字。对同名同姓的旅客，在没有十分把握的情况下交公安机关处理。

旅客接受安检时，工作人员可以从离港系统获取旅客的一般信息（如旅客姓名、航班号、目的地、座位号等）。旅客接受行李检查和人身检查。该系统观察并自动存储行李透视图像，同时，记录下旅客经安全门人身复查及手工开包检查行李的全过程。每个旅客的所有信息经过计算机处理后，自动分类存储在系统的服务器中。

空防安全的重点是预防，如果某人员是重点防范的对象，就能够通过离港系统的布控功能，使其未上飞机就落入法网。由于该系统已经预先存储了布控人员的信息，当布控人员将登机牌递给工作人员时，如果姓名与在控名单相符，系统便会跳出提示框，显示在控人员的详细资料，包括姓名、证件号码及照片等信息，提醒安检人员进行比对。

第 3 节　民航机场安检信息系统基本知识

一、民航机场安检信息系统概念

民航机场安检信息系统（简称“安检信息系统”）是集旅客身份验证、肖像采集、安检过程录像、行李 X 光照片采集、行李开包录像、安检人员管理和布控信息管理于一体的综合性安全信息管理系统。安全管理信息系统通过计算机网络综合利用机场现有安全检查设施和信息资源，提高安检质量，规范安检管理，最大限度地确保空防安全。

安检信息系统是机场核心的业务系统之一，它通过与多个机场业务系统的连接，获取全面旅客信息，满足机场各相关单位对于旅客及行李的信息采集、验证、处理、查询的需求，有效地跟踪确认各种旅客信息，为机场各安全检查相关单位提供多方面的信息服务和有效的支持联防手段，同时满足机场安检部门的安检业务处理和集中式安检流程的需求。

安检信息系统可作为机场航站楼的旅客和行李数据中心，主导和参与包括安检在内的多个机场旅客和行李的核心处理流程，为机场多个核心系统提供数据服务，并为各联检单位提供信息和业务支持。

安检信息系统为机场的安全检查提供了全面、安全、准确、便捷、可靠的解决方案。对旅客从办理值机到登机的整个过程进行跟踪管理，有利于提高安检的服务和管理水平，为机场安检提供有效的信息管理平台。

二、安检信息系统软件的功能要求

机场航站楼内安检信息系统为分散安检系统，安检系统联网能直接给出交运行李的 X 光照片，安检信息系统软件具有如下功能要求：

1. 旅客信息获取、交运行李 X 光图像采集

安检信息系统通过与离港系统接口，获取旅客信息、行李信息。通过视频接口，获取交运行李 X 光照片信息，并建立这些信息与登机牌条码之间的对应关系，存入安检信息管理系统服务器，为安全管理、事后备查、行李查找提供依据。

2. 交运可疑行李开包过程录像和开包日志管理

交运可疑行李在值机现场开包。在值机柜台行李交运处安装摄像机和拾音器，记录旅客交运可疑行李开包和处理全过程，实现安全管理、事后备查功能。在每个值机交运

开包台各设置一套计算机工作站、条码阅读器和多联票据打印机，实现安检人员管理、开包日志管理和凭证打印功能。

3. 旅客照片采集、布控、行李状态提示

旅客照片采集、布控、行李状态提示通过在安检通道验证台计算机工作站（登机牌阅读器、摄像头）来实现。旅客过验证台时，验证员用阅读器扫描旅客登机牌，自动判断该旅客所乘航班的登机口是否在本隔离区，并给出正确性提示或报警提示。若该旅客登机口（安检口）正确，验证台程序从登机牌上获取当前旅客的相关信息并驱动安装在工作站上的摄像头摄取旅客正面头像（可手动重拍），同时在后台与布控信息进行对比，并显示交运行李状态信息，将旅客正面头像存储于服务器中，并建立对应关系，实现安全管理、交运行李状态提示和安检人员绩效考核功能。系统能自动处理旅客由于某种原因从隔离区回到隔离区外，并重新返回隔离区内的情况。

4. 安检过程录像

通过在安检通道上方安装摄像机，实现时间和通道号的录像检索与回放，实现安检过程全记录，监视安检通道秩序、旅客人身安全检查情况或者旅客手提行李的遗失和错包情况。

5. 手提行李 X 光图像采集

通过与视频接口实现手提行李 X 光图像采集，并建立与旅客信息的对应关系，以实现安全管理、事后备查、行李查找、绩效考核功能。该项功能要求手提安检系统服务器存储与登机牌条码对应的手提行李 X 光图像信息。

在开包台上方安装摄像机和拾音器，对旅客开包过程进行全程录像，记录下工作人员与旅客开包对话，能根据时间、通道号、旅客相关信息进行录像检索与回放，能把录像存盘保存，供通用媒体播放器播放。

6. 手提可疑行李开包日志管理

在手提可疑行李开包台安装计算机工作站（配条码阅读器和票据打印机），实现开包日志管理、凭证打印和绩效考核功能。

7. 安检信息管理系统的辅助功能

通过增加软件功能模块及配以相关设备，可实现安检信息管理系统的辅助功能，主要列举如下：

（1）指纹考勤管理。

（2）系统用户登录管理。

（3）系统设置及安全管理。

（4）安检查询统计与决策分析。

（5）安检现场的资源与人员管理。

（6）有效事件日志管理。

（7）人员排班管理。

8. 与离港系统的接口

在值机柜台，离港系统打印登机牌时向安检信息管理系统发送旅客离港信息。离港信息包括航班号、始发站、目的站、登机时间、航班日期，旅客姓名、性别、国籍、座位号、登机口号、IATA 行李牌号、身份证号码/护照号码、联系方式、办理登机牌时间、办理柜台号、交运行李件数、重量等内容。

三、新一代安检信息系统

在机场安全形势日趋严峻的趋势下，机场的安检信息系统也引入了国内外越来越多成熟的新信息技术，以应对不断提升的空防安全要求。

新一代安检信息系统包括人脸识别、人包对应和功能高度集成的工作站等新技术。

1. 人脸识别

安检系统在旅客检查环节引入面相识别技术，可以将旅客的过检照片和身份证照片进行比对，给出相似度提示，辅助安检人员作出决策。根据工作计划，该系统还将在旅客登机环节应用人脸识别技术，将旅客过检照片和登机照片进行比对，最终实现在验证和登机两个环节，快速精确地进行人证合一审查的目的，预防不法分子企图利用假冒证件蒙混过关的风险隐患。

2. 人包对应

安检系统使用人包对应技术，以优化旅客信息录入流程，尽可能减少人工干预，提升旅客通行效率，降低安检人工成本。

3. 功能高度集成的工作站

安检系统将集中开检托运行李的相关数据信息提供给航空公司，避免行李迟运、旅客投诉等问题的发生。同时，在托运行李安检环节中，安检系统工作站作为一个高度集成的节点，可实现增强4级安检行李图片以及行李信息录入功能；增加打印《托运行李开包检查单》功能；实现行李实物照片采集功能以及开检视频记录关联功能；增加托运行李迟运自动报警功能，进而达到提高托运行李集中开检效率，降低行李迟运风险的目的。

思考与练习

1. 旅客乘机的有效证件有哪些种类？
2. 民航机场证件检查的方法是什么？
3. 在控人员的查缉与控制方法是什么？

第 5 章
民航机场行李物品检查

民航机场行李物品检查是民航安检部门的检查内容之一，主要是指对行李物品的检查权，通过使用仪器和手工开箱（包）检查，对货物和航空邮件进行检查，以确保航空安全。

学习目标

☞ 了解民航机场行李物品检查的含义，熟知国家对民航机场运输物品的有关规定

☞ 掌握民航机场开箱（包）检查的流程，熟悉开箱（包）检查的注意事项

☞ 掌握开箱（包）检查异常情况的处理流程，掌握爆炸品处理的基本原则和程序

第 1 节　民航机场行李物品检查概述

一、民航机场行李物品检查的含义

民航机场行李物品检查是指对旅客随身携带、托运的行李物品进行仪器检查和手工开箱（包）检查，防止违禁物品被带上航空器或夹在行李中托运。

二、民航机场运输物品相关规定

1. 民航旅客禁止随身携带和托运物品

根据《民航旅客禁止随身携带和托运物品目录》，民航旅客禁止随身携带和托运物品主要包括以下 6 大类：

（1）枪支等武器（包括主要零部件）

枪支是指能够发射弹药（包括弹丸及其他物品）并造成人身严重伤害的装置或者可能被误认为是此类装置的物品，主要包括：

1）军用枪、公务用枪，如手枪、步枪、冲锋枪、机枪、防暴枪。

2）民用枪，如气枪、猎枪、射击运动枪、麻醉注射枪。

3）其他枪支，如道具枪、发令枪、钢珠枪、境外枪支，以及各类非法制造的枪支。

4）上述物品的仿真品。

（2）爆炸或者燃烧物质和装置

爆炸或者燃烧物质和装置是指能够造成人身严重伤害或者危及航空器安全的爆炸或燃烧装置（物质）或者可能被误认为是此类装置的物品，主要包括：

1）弹药，如炸弹、手榴弹、照明弹、燃烧弹、烟幕弹、信号弹、催泪弹、毒气弹、子弹（铅弹、空包弹、教练弹）。

2）爆破器材，如炸药、雷管、引信、起爆管、导火索、导爆索、爆破剂。

3）烟火制品，如烟花爆竹、烟饼、黄烟、礼花弹。

4）上述物品的仿真品。

（3）管制器具

管制器具是指能够造成人身伤害或者对航空安全和运输秩序构成较大危害的器具，主要包括：

1）管制刀具，如匕首（带有刀柄、刀格和血槽，刀尖角度小于60°的单刃、双刃或多刃尖刀）、三棱刮刀（具有三个刀刃的机械加工用刀具）、带有自锁装置的弹簧刀或跳刀（刀身展开或弹出后，可被刀柄内的弹簧或卡锁固定自锁的折叠刀具）、其他相类似的单刃、双刃三棱尖刀（刀尖角度小于60°，刀身长度超过150 mm的各类单刃、双刃、多刃刀具），以及其他刀尖角度大于60°，刀身长度超过220 mm的各类单刃、双刃、多刃刀具。

2）军警械具，如警棍、警用电击器、军用或警用匕首、手铐、拇指铐、脚镣、催泪喷射器等。

3）其他属于国家规定的管制器具，如弩等。

（4）危险物品

危险物品是指能够造成人身伤害或者对航空安全和运输秩序构成较大危害的物品，主要包括：

1）压缩气体和液化气体，如氢气、甲烷、乙烷、丁烷、天然气、乙烯、丙烯、乙炔（溶于介质的）、一氧化碳、液化石油气、氟利昂、氧气、二氧化碳、水煤气、打火机燃料及打火机用液化气体。

2）自燃物品，如白磷、硝化纤维（含胶片）、油纸及其制品。

3）遇湿易燃物品，如金属钾、钠、锂、碳化钙（电石）、镁粉、铝粉。

4）易燃液体，如汽油、煤油、柴油、苯、乙醇（酒精）、丙酮、乙醚、油漆、稀料、松香油及含易燃溶剂制品。

5）易燃固体，如红磷、闪光粉、固体酒精、赛璐珞、发泡剂。

6）氧化剂和有机过氧化物，如高锰酸钾、氯酸钾、过氧化钠、过氧化钾、过氧化铅、过醋酸、双氧水。

7）毒害品，如氰化物、砒霜、剧毒农药等剧毒化学品。

8）腐蚀性物品，如硫酸、盐酸、硝酸、氢氧化钠、氢氧化钾、汞（水银）。

9）放射性物品，如放射性同位素。

（5）其他物品

其他能够造成人身伤害或者对航空安全和运输秩序构成较大危害的物品主要包括以

下几种：

1）传染病病原体，如乙肝病毒、炭疽杆菌、结核杆菌、艾滋病病毒。

2）火种（包括各类点火装置），如打火机、火柴、点烟器、镁棒（打火石）。

3）额定容量超过 160 Wh 的充电宝、锂电池（电动轮椅使用的锂电池另有规定）。

4）酒精体积百分含量大于 70% 的酒精饮料。

5）强磁化物、有强烈刺激性气味或者容易引起旅客恐慌情绪的物品，以及不能判明性质、可能具有危险性的物品。

（6）国家法律、行政法规、规章规定的其他禁止运输的物品

2. 民航旅客限制随身携带或托运物品

根据《民航旅客限制随身携带或托运物品目录》，民航旅客限制随身携带或托运物品主要包括以下 3 大类。

（1）禁止随身携带但可以作为行李托运的物品

1）锐器。该类物品是指带有锋利边缘或者锐利尖端，由金属或其他材料制成，强度足以造成人身严重伤害的器械，主要包括：

①日用刀具（刀刃长度大于 6 cm），如菜刀、水果刀、剪刀、美工刀、裁纸刀。

②专业刀具（刀刃长度不限），如手术刀、屠宰刀、雕刻刀、刨刀、铣刀。

③用作武术或文艺表演的刀、矛、剑、戟等。

2）钝器。该类物品是指不带有锋利边缘或者锐利尖端，由金属或其他材料制成，强度足以造成人身严重伤害的器械，主要包括棍棒（含伸缩棍、双节棍）、棒球棒、台球杆、板球球拍、曲棍球杆、高尔夫球杆、登山杖、滑雪杖、指节铜套（手钉）。

3）其他限制随身携带或托运物品。其他能够造成人身伤害或者对航空安全和运输秩序构成较大危害的物品主要包括以下几种：

①工具，如钻机（含钻头）、凿、锥、锯、螺栓枪、射钉枪、旋具、撬棍、锤、钳、焊枪、扳手、斧头、短柄小斧（太平斧）、游标卡尺、冰镐、碎冰锥。

②其他物品，如飞镖、弹弓、弓、箭、蜂鸣自卫器，以及不在国家规定管制范围内的电击器、梅斯气体、催泪瓦斯、胡椒辣椒喷剂、酸性喷雾剂、驱除动物喷剂等。

（2）随身携带或者作为行李托运有限定条件的物品

1）随身携带有限定条件但可以作为行李托运的物品

①旅客乘坐国际、地区航班时，液态物品应当盛放在单体容器容积不超过 100 mL 的容器内随身携带（单体容器容积超过 100 mL 的，容器内液态物品即使不超过 100 mL 或者 100 g，也不允许随身携带）。与此同时，盛放液态物品的容器应置于最大容积不超过 1 L、可重新封口的透明塑料袋中，每名旅客每次仅允许携带一个透明塑料袋，超出部分应作为行李托运。

②旅客乘坐国内航班时，液态物品禁止随身携带（航空旅行途中自用的化妆品、牙膏及剃须膏除外）。航空旅行途中自用的化妆品必须同时满足三个条件（每种限带一件、盛放在单体容积不超过 100 mL 的容器内、接受开瓶检查）方可随身携带，牙膏及剃须膏每种限带一件且不得超过 100 g（mL）。旅客在同一机场控制区内由国际、地区航班转乘国内航班时，其随身携带入境的免税液态物品必须同时满足三个条件（出示购物凭证、置于已封口且完好无损的透明塑料袋中、经安全检查确认）方可随身携带，如果在转乘国内航班过程中离开机场控制区，则必须将随身携带入境的免税液态物品作为行李托运。

③婴儿航空旅行途中必需的液态乳制品、糖尿病或者其他疾病患者航空旅行途中必需的液态药品，经安全检查确认后方可随身携带。

④旅客在机场控制区、航空器内购买或者取得的液态物品在离开机场控制区之前可以随身携带。

2）禁止随身携带但作为行李托运有限定条件的物品

酒精饮料禁止随身携带，作为行李托运时有以下限定条件：

①标识全面、清晰，且置于零售包装内，每个容器容积不得超过 5 L。

②酒精的体积百分含量小于或等于 24% 时，托运数量不受限制。

③酒精的体积百分含量大于24%、小于或等于70%时，每位旅客托运数量不超过5 L。

3）禁止作为行李托运且随身携带有限定条件的物品

充电宝、锂电池禁止作为行李托运，随身携带时有以下限定条件（电动轮椅使用的锂电池另有规定）：

①标识全面、清晰，额定容量小于或等于 100 Wh。

②额定能量大于 100 Wh、小于或等于 160 Wh 时必须经航空公司批准且每人限带两块。

锂电池携带注意事项图示如图 5—1 所示。

(3) 国家法律、行政法规、规章规定的其他限制运输的物品

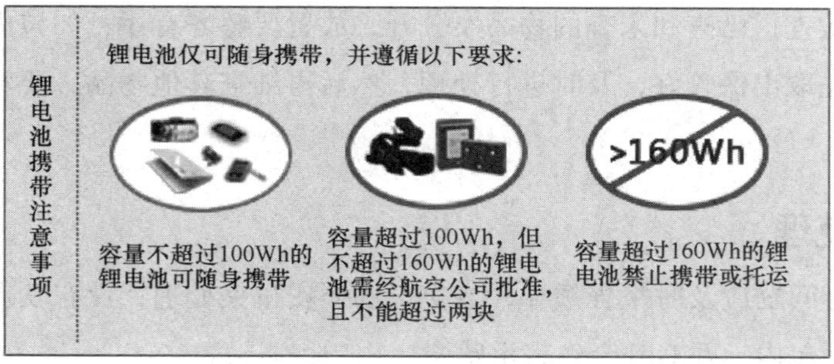

图 5—1　锂电池携带注意事项图示

第 2 节　民航机场开箱（包）检查

旅客的托运行李和非托运行李都必须经过安全检查仪器检查。发现可疑物品时应当开箱（包）检查，必要时也可以随时抽查。开箱（包）检查时，可疑物品的托运人或者携带者应当在场。

为避免危险品被带上航空器，威胁飞行安全，开箱（包）检查员在下列情况下进行开箱（包）检查：

1. 旅客将随身携带的手提行李物品放在电视监测机的传送带上，检查人员通过荧光屏检查时，如发现有可疑物品，须由检查人员开箱（包）检查。

2. 根据相关要求，随机抽取部分旅客行李进行开箱（包）检查；正常情况下，保持开箱（包）复查比例不低于旅客总人数的 10%。

3. 安检人员发现旅客形迹可疑时，可报告组长对该旅客进行开箱（包）检查。

一、开箱（包）检查的流程

1. 观察外层

查看箱（包）的外形，检查外部小口袋及有外链的外夹层。

2. 检查内层和夹层

用手沿包的各个侧面上下摸查，将所有的夹层、底层和内层小口袋检查一遍。

3. 检查包内物品

按 X 射线检查仪操作员所指的重点部位和物品进行检查；在没有具体目标的情况下

应一件一件地检查；已查和未查的物品要分开，放置要整齐有序；如包内有枪支等重大违禁物品，应先取出保管好，及时进行处理，然后再细查其他物品，要对物主采取看护措施。

4. 善后处理

检查后如有问题应及时报告领导，或交机场公安机关处理；没有发现问题的应协助旅客将物品放回包内，并对其合作表示感谢。

二、开箱（包）检查方法

开箱（包）检查一般是通过人的眼、耳、鼻、手等感官进行检查，根据不同的物品采取相应的检查方法，主要方法有看、听、摸、拆、掂、捏、嗅、探、摇、敲、开等。

看：就是对物品的外表进行观察，看是否有异常，包袋是否有变动等，如图 5—2 所示。

听：对录音机、收音机等音响器材通过听的方法，判断其是否正常，此法也可以用于对被怀疑有定时爆炸装置的物品进行检查。

摸：就是直接用手的触摸来判断是否藏有异常或危险物品。

拆：对被怀疑的物品，通过拆开包装或外壳，检查其内部有无藏匿危险物品。

掂：对受检查的物品，用手掂其重量，看其重量与正常重量是否相符，从而确定是否进一步进行检查。

捏：主要用于对软包装且体积较小的物品（如洗发液、香烟等）进行检查，靠手感来判断有无异物。

嗅：对被怀疑的物品，主要是爆炸物、化工挥发性物品，通过嗅觉判断物品的性质，应注意使用“扇闻”的方法。

探：对有怀疑的物品如花盆，盛有物品的坛、罐等，无法透视也不能用探测器检查时，可用探针检查，判断有无异物。

摇：对有疑问的物品，如盛满液体的容器、佛像、香炉等中间可能是空心的物品，可以用摇晃的方法进行检查。

敲：对某些不易打开的物品如拐杖、石膏等，可以用手敲击，听其声音是否正常。

开：通过开启、关闭开关，检查移动电话、遥控器等电器是否正常，防止其被改装为爆炸物。

以上方法不一定单独使用，常常是几种方法结合起来，以便更准确、快速地进行检查。

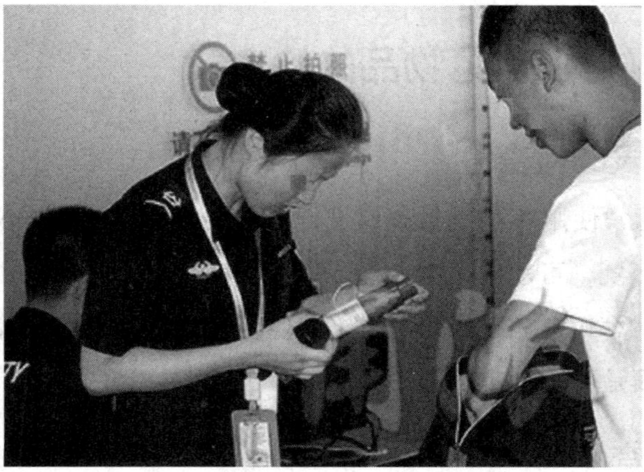

图 5—2　采用“看”的方法检查

三、开箱（包）检查具体操作

1. 开箱（包）检查员站立在 X 射线检查仪行李传送带出口处疏导箱包，避免受检箱（包）被挤、压、倾倒。

2. 当有箱（包）需要开检时，开机员给开箱检查员以语言提示。待物主到达前，开箱（包）检查员控制需开检的箱包；物主到达后，开箱（包）检查员请物主自行打开箱（包），对箱（包）实施检查。如疑有枪支、爆炸物等危险品的特殊情况下，需由开箱（包）检查员控制箱（包），并做到人物分离。

3. 开箱（包）检查时，开启的箱（包）应侧对物主，使其能通视自己的物品。

4. 根据开机员的提示对箱（包）进行有针对性的检查。检查包的外层、内层和夹层时参考开箱检查的程序。

5. 检查过程中，开箱（包）检查员应根据物品种类采取相应的方法进行检查。

6. 开箱（包）检查员将检查出的物品请开机员复核。

（1）若属安全物品则交还旅客本人或将物品放回旅客箱（包）内，协助旅客将箱（包）恢复原状，而后对箱（包）进行复检。

（2）若为违禁品则移交处理。

7. 若受检人申明携带的物品不宜接受公开开箱（包）检查时，开箱（包）检查员应交值班领导处理。

8. 若受检人员携带胶片、计算机软盘等不适合接受 X 射线检查仪检查的物品时，应对箱（包）进行手工检查。

四、开箱（包）常见物品的检查

1. 仪器、仪表的检查

对仪器、仪表通常使用X射线检查仪进行检查，如X射线检查仪透视不清，又对所检仪器、仪表有所怀疑，可用看、掂、探、拆等方法检查：看仪器、仪表的外表螺钉是否有拆过的痕迹；对家用电表、水表等可掂其重量来判断；对特别怀疑的仪器、仪表可以拆开检查，看里面是否藏有违禁物品。

2. 容器的检查

对容器进行检查时，可取出容器内的东西，采取敲击、测量的方法，听其发出的声音，或测出容器的外高与内深、外径与内径的差，分辨有无夹层。如不能取出里面的东西，则可使用探针或防爆探测仪进行安全检查。

3. 文物、工艺品的检查

一般采用摇晃、敲击、听等方法进行检查，摇晃或敲击时，听其有无杂音或异物晃动声。

4. 容器中液体的检查

对液体检查一般可采用看、摇、嗅及使用液体物品检测仪等方法进行。看容器、瓶子是否为原始包装封口；摇液体有无泡沫（易燃液体经摇动一般产生泡沫且泡沫消失快）；嗅闻液体气味是否异常（酒的气味香浓，汽油、酒精、香蕉水的刺激性大），嗅闻时要注意安全。

5. 骨灰盒等特殊物品的检查

对旅客携带的骨灰盒、神龛、神像等特殊物品，如X射线检查仪检查发现有异常时，可征得旅客同意后再进行手工检查；在旅客不愿意通过X射线检查仪检查时，可采用手工检查或使用防爆仪进行安全检查。

6. 衣物的检查

衣服的衣领、垫肩、袖口、兜部、裤腿等部位容易暗藏武器、管制刀具、爆炸物和其他违禁品。因此，在安全检查中，对旅客行李箱（包）中的可疑衣物要用摸、捏、掂、按、压等方式进行检查；对冬装及皮衣、皮裤更要仔细检查，看是否有夹层，捏是否暗藏有异物；衣领处能暗藏一些软质的爆炸物品，可掂重量判断是否正常。

7. 皮带（女士束腰带）的检查

对皮带（女士束腰带）进行检查时，应注意看边缘缝合处有无再加工的痕迹，摸带圈内是否有夹层。

8. 书籍的检查

书籍容易被人忽视，较厚的书或者是捆绑在一起的书可能被挖空，暗藏武器、管制刀具、爆炸物或其他违禁物品。检查时，应将书打开翻阅，看书中是否有上述物品。

9. 笔的检查

看笔的外观是否有异常，掂其重量是否与正常重量相符，按下按钮或打开笔帽查看是否改装成笔刀或笔枪。

10. 雨伞的检查

雨伞的结构很特殊，往往容易被劫机分子利用，在伞骨、伞柄中藏匿武器、匕首等危险品以混过安全检查。在检查雨伞时，可用捏、摸、掂或打开的方法，要特别注意对折叠伞的检查。

11. 手杖的检查

注意对手杖进行敲击，听其发声是否正常，认真查看是否被改成手杖刀或手杖枪。

12. 玩具的检查

小朋友携带的玩具也有可能暗藏匕首、刀具和爆炸装置。检查毛绒玩具时，通常要看其外观，用手摸查有无异物；检查电动玩具时，可通电或打开电池开关进行检查；检查有遥控设施的玩具时，看其表面是否有动过的痕迹，摇晃是否有不正常的声音，掂其重量是否正常，拆开遥控器检查电池，看是否暗藏危险品。

13. 香烟的检查

整条香烟、烟盒和其他烟叶容器一般都是轻质物品，检查时主要看其是否有被重新包装的痕迹，并掂其重量（每条香烟重量约为 300 g）进行辅助判断，对有所怀疑的要打开包装检查。

14. 摄像机、照相机的检查

对一般类型的摄像机，可首先检查其外观是否正常，有无可疑部件，有无拆卸过的痕迹，重点检查带匣、电池盒（外置电源）、取景窗等部分是否正常，对有所怀疑的可让旅客进行操作以查明情况。对较复杂的大型摄像机，可征得旅客的同意利用 X 射线检查仪进行检查。对于传统照相机，如机内没有胶卷，可以询问旅客是否可以打开照相机；也可以掂其重量来判断，如机内装有爆炸物，其重量会不同于正常照相机。对有所怀疑的照相机可以请旅客按快门试拍来判断。

15. 收音机的检查

一般要打开电池盒盖，抽出接收天线，查看是否藏匿有违禁品，必要时再打开外壳检查内部。

16. 录像机（便携式 CD 机）等的检查

观察是否能正常工作，必要时打开电池盒盖和带舱，查看是否藏有危险物品。

17. 便携式计算机的检查

检查外观有无异常，掂其重量是否正常，可请旅客将计算机启动，查看能否正常工作。对便携式计算机的配置设备（鼠标、稳压器等）也要进行检查。

18. 手机等便携设备的检查

可用看、掂、开等方法进行检查。看外观是否异常，掂其重量，如藏匿其他物品其重量会有别于正常手机或其他便携设备，也可通过打开电池盒盖和开关机辨别手机或其他便携设备是否能够正常使用。

19. 乐器的检查

乐器都有发音装置，对弦乐器可采用拨（按）、听、看的方法，听其能否正常发音；对管乐器可请旅客现场演示。

20. 香水、唇膏等化妆品的检查

唇膏等化妆品易改装成微型发射器，可通过掂其重量或打开进行检查。部分香水的外部结构在 X 射线检查仪的监视器上所显示的图像与微型发射器类似，在检查时可观看瓶体说明并请旅客试用。

21. 粉末状物品的检查

粉末状物品性质不易确定，应取少量粉末状物品进行炸药探测仪的防爆检测，以确保该物品是安全的。

22. 食品的检查

对罐、袋装食品的检查，应掂其重量是否与罐、袋体所标注重量相符，看其封口是否有被重新包装的痕迹。觉察该物可疑时，可请旅客自己品尝。

23. 小电器的检查

诸如电吹风机、电动卷发器、电动剃须刀等小型电器可通过观察外观、开启电池盒盖、现场操作的方法进行检查。对于钟表要检查表盘的时针、分针、秒针是否正常工作，拆开其电池盒盖检查是否被改装成钟控定时爆炸装置。

24. 鞋的检查

采用看、摸、捏、掂等检查方法来判断鞋中是否藏有违禁品。“看”是指观看鞋的外表与鞋的内层；“摸”是指用手触摸鞋的边缘等较为隐蔽之处，检查是否异常；“捏”是指通过手的挤压判断鞋是否异常；“掂”是指掂鞋的重量与其正常重量是否相符。必要时可利用 X 射线检查仪进行检查。

五、开箱（包）检查的重点对象

1. 用 X 射线检查仪检查时，图像模糊不清、无法判断物品性质的。

2. 用 X 射线检查仪检查时，发现有电池、导线、钟表、粉末状、液体状、枪弹状物及其他可疑物品的。

3. X 射线检查仪图像中显示有容器、仪表、瓷器等物品的。

4. 照相机、收音机、录音机、录像机及电子计算机等设备。

5. 携带者特别小心或时刻不离身的物品。

6. 乘机者携带的物品与其职业、事由和季节不相符的。

7. 携带者声称是帮他人携带或来历不明的物品。

8. 旅客声明不能用 X 射线检查仪检查的物品。

9. 现场表现异常的旅客或群众揭发的嫌疑分子所携带的物品。

10. 公安部门通报的嫌疑分子或被列入查控人员所携带的物品。

11. 旅客携带的密码箱（包）进入检查区域发生报警的。

六、开箱（包）检查注意事项

1. 开箱（包）检查时，物主必须在场，将箱（包）打开时应由物主操作。

2. 检查时要认真仔细，特别要注意箱（包）的底部、角部、外侧小兜等重点部位，并注意发现有无夹层。

3. 没有进行托运行李流程改造的安检机构要加强监控措施，防止已查验的行李箱（包）与未经安全检查的行李箱（包）调换或夹塞违禁（危险）物品。

4. 对旅客的物品要轻拿轻放，如有损坏，应照价赔偿。

5. 开箱（包）检查发现危害大的违禁物品时，应采取措施控制住携带者，防止其逃离现场，并将箱（包）重新经 X 射线检查仪检查，以查清是否藏有其他违禁物品，必要时将箱（包）带入检查室彻底清查。

6. 若旅客申明所携带物品不宜接受公开检查时，安检机构可根据实际情况，避免在公开场合检查。

7. 开箱（包）检查过的行李必须再次经过 X 射线检查仪检查。

8. 开箱（包）检查中，开箱（包）检查员认为开检出的物品需实施防爆检查的，应当通知防爆检查员前来实施。

第 3 节　开箱（包）检查异常情况处理

一、危险品、违禁物品的处置

1. 对查出非管制刀具的处理

非管制刀具不准随身携带，可准予托运。国际航班如有特殊要求，经相关部门批准，可按其要求进行处理。

2. 对查出的走私物品、淫秽物品、毒品、赌具、伪钞、反动宣传品等的处理

对查出的走私物品、淫秽物品、毒品、赌具、伪钞、反动宣传品等，应做好登记，并将人和物移交民航公安机关、海关等相关单位依法处理。

3. 对携带含有易燃物质的日常生活用品的处理

对医护人员携带的抢救危重病人所必需的氧气袋等凭医院的证明予以检查放行。

二、爆炸物探测和爆炸品的处置

1. 爆炸物探测

（1）爆炸物探测设备简介

民航痕量爆炸物探测设备可以在旅客不开包的情况下快速地检测出旅客包裹内是否藏有爆炸物。还可以用来进行人身检测，车辆检测以及货物检测，只要人体或车辆接触过爆炸物，民航痕量爆炸物探测设备就可以检测出来。

（2）爆炸物探测设备操作规程

开箱（包）检查中，开箱（包）检查员认为开箱（包）检查行李物品或开检出的物品需要实施防爆检查的，应当通知防爆检查员实施防爆检查。使用民航痕量爆炸物探测设备对相关行李物品进行采样时，应当保证采样的完整性和范围覆盖性，除了对拉链、把手、口袋等重点位置外，还应当环绕行李物品外部一周并对行李内部进行取样。

2. 爆炸物的处置

（1）爆炸装置处置的原则

1）爆炸装置是具有较大杀伤力的装置，一旦爆炸，将引起严重的后果。因此，在处置爆炸装置时（包括可疑爆炸物）要慎重。

2）要尽可能不让爆炸物在人员密集的候机楼内爆炸，万一爆炸也要尽可能最大限度地减少爆炸破坏的程度，要千方百计保障旅客、机场工作人员和排爆人员的安全。

3）发现爆炸装置（包括可疑爆炸物）后，应禁止无关人员触动，只有经过专门训练的专职排爆人员才可以实施排爆。

（2）爆炸装置处置的准备工作

1）建立排爆组织。如确定对爆炸装置进行处置，要成立排爆组，除领导指挥外，要由有防爆专业知识和经验的专职排爆人员实施排爆。另外，还要组织医护、消防抢救小组，使其处于待命状态。

2）准备器材。排除爆炸装置是一项危险性极大的工作，为保障排爆人员生命安全，应尽可能利用一些防护器材和排爆工具。防护器材主要有机械手、防爆筐（箱）、防爆毯、防爆服、防爆头盔等，也可用沙袋将爆炸物围起来。排爆工具主要有钳子、剪子、刀具、竹签、长棍、高速水枪等。

3）清理现场。在排爆现场，应将爆炸物附近的仪器设施全部转移，不能移动的，应采取防护措施。现场的门窗要打开，万一发生爆炸，可以使冲击波得到释放。如果爆炸物是可转移的，要事先确定排爆地点，通常是在附近没有人员、建筑物和航空器的偏僻地点。如临时确定改变地点，应及时清理该地区的铁质硬物，方案确定的时间最好事先构筑有排爆掩体等设施。

4）疏散无关人员。即使由最有经验的排爆人员用最有效的排爆器材和工具去处置爆炸物，也难以百分之百地保证爆炸物不爆炸。因此，在处置爆炸装置之前应考虑疏散无关人员。

3. 处置爆炸装置的程序

(1) 对爆炸物的判断

主要从真假、威力，是否有定时装置，是否有水平装置，是否有松、压、拉等机械装置，是否有其他的防卸装置等方面进行判断。

(2) 对爆炸装置进行处置

处置的方法有三种：一是就地销毁，二是就地人工失效，三是转移爆炸物，如图5—3所示。

1）就地销毁。如果确定爆炸物不可移动，且无法人工失效，可以采用就地引爆的方法进行销毁。为减少损失，销毁时可将爆炸物用沙袋围起来。

2）就地人工失效。失效法是首先使处于危险状态的延期式和触发式爆炸物引信失去功能，再对整个爆炸物进行拆卸，使引信和弹体（炸药）分开的方法。

3）转移爆炸物。当爆炸物位于航空器或候机楼中，又装有反拆卸装置，而且无把握进行人工失效并能移动时，应将爆炸物转移到安全的地方进行处理。

图 5—3 对爆炸装置进行处置

三、暂存和移交

（1）暂存

对旅客携带的限制随身携带物品，安检机构可予以定期暂存。办理暂存时，要开具单据并注明期限，旅客凭单据在规定期限内领取。逾期未领的，视为无人认领物品，交由民航公安机关处理。

（2）移交

移交是指安检机构将在安全检查工作中遇到的问题按规定移交给各有关部门，包括移交民航公安机关、移交其他有关部门和移交机组。

1）移交民航公安机关。安检中发现的可能被用来劫持、炸毁航空器的武器、弹药、管制刀具，以及假冒证件等，应当连人带物移交所属民航公安机关审查处理。移交时，应填写好移交清单，相关责任人签字并注意字迹清晰，不要漏项。

2）移交其他有关部门。对在安检中发现的被认为是走私的黄金、文物、毒品、淫秽物品、伪钞等，应连人带物移交相应的有关部门审查处理。

3）移交机组。旅客携带不能随身携带但可作为行李托运的物品，来不及办理托运时，安检机构可按规定或根据航空公司的要求为旅客办理手续后，将物品移交机组带到目的地后交还旅客。

（3）办理暂存、移交的程序

由安检人员将旅客及其物品带至受理台后，受理人员根据相关规定对旅客及其物品办理暂存、移交手续。

属于暂存、移交范围的物品包括：

1）禁止旅客随身携带或者托运的物品。安检工作中查获的国家法律、法规禁止携带的物品应移交民航公安机关处理，并做违禁物品登记。

对于旅客携带的限量物品中超出限定量的部分，安检人员可请旅客将其交给送行人带回或自行处理。如果旅客提出放弃，安检员将该物品放入旅客自弃物品回收箱（筐）中。

2）禁止旅客随身携带但可作为行李托运的物品。安检工作中查获的禁止旅客随身携带但可作为行李托运的物品，移交员应告知旅客可作为行李托运或交给送行人员。如果来不及办理托运，可为其办理暂存手续，填写暂存物品登记表。国际航班的移交员还可根据航空公司的要求为旅客办理移交机组手续。填写换取物品单据，并告知旅客下飞机时凭此单据向机组取回物品。如果旅客提出放弃该物品，移交员将该物品放入旅客自弃物品回收箱（筐）中。

3）旅客（工作人员）丢失的物品。由捡拾人与移交员共同对捡拾物品进行清点、登记。捡拾物品在当日未被旅客取走的则由相关人员上交失物招领处，并取回回执。

每天勤务结束后，移交员将暂存物品、旅客自弃物品及暂存物品登记表上交值班员兼信息统计员。值班员兼信息统计员负责对移交员上交的暂存物品进行清点、签收，并保留暂存物品登记表。值班员兼信息统计员还要负责将暂存物品按日期分类，分别放置在相应的柜层中，以备以后旅客提取暂存物品时方便查找，同时，负责对旅客自弃物品进行处理。

（4）暂存物品的领取及处理

旅客凭“暂存物品收据联”在30日内领取暂存物品。物品保管员根据暂存物品收据上的日期、序列号找到旅客的暂存物品，经确认无误后返还旅客，同时，物品保管员将旅客手中的“暂存物品收据”联收回。对于超过30日后无人认领的暂存物品，物品保管员应及时上交民航公安机关处理；对于已经返还的暂存物品在暂存物品登记表上注销，并将暂存物品登记表同无人认领物品一并上交；对于旅客自弃的物品，物品保管员应定期回收处理。

（5）暂存、移交物品单据的使用和填写

1）暂存物品单据的使用和填写。暂存物品单据是指具备物主姓名、证件号码、物品名称、标记、数量、新旧程度、存放期限、经办人和物主签名等项目的一式三联的单据。

开具单据时必须按照单据所规定的项目逐项填写，不得漏项。暂存物品单据一式三联：第一联留存，第二联交给旅客，第三联贴于暂存物品上以便查找。安检机构收存的暂存物品应设专人专柜妥善保管，不得丢失。

暂存物品单据有效期限一般为30日，逾期未领的，视为无人认领物品，交由民航公安机关处理。

2）移交物品单据的使用和填写。移交物品时，要办理好交接手续，清点所有物品。移交物品单据是指具有旅客姓名、证件号码、航班号、乘机日期，起飞时间、旅客座位号、始发地、目的地、物品名称、数量、经办人、接收人等项目一式三联的单据。安检机构在检查工作中遇有问题，需要移交物品时，应填写移交物品单据，让接收人签名后，将第一联留存，第二联交给旅客，第三联交接收人贴于“移交袋”上。移交物品单据应妥善保管，以便存查。

对旅客遗留的物品，要登记清楚数量、型号和日期等，交专人妥善保管，方便旅客认领。

对旅客自弃的物品，安检机构要统一造册，妥善保管，经上级领导批准后再进行相应处理。

思考与练习

1. 民航旅客禁止随身携带和托运的物品包括哪些？
2. 开箱（包）检查需了解哪些注意事项？
3. 什么是暂存和移交？

第6章 民航机场人身检查

人身检查是民航安检部门的检查内容之一，主要指对乘机旅客的人身检查权，包括使用仪器和手工检查直至搜身检查，对进入候机隔离区和登机人员的身份证件的核查和人身检查权，以确保航空安全。

学习目标

- ☞ 掌握民航机场人身检查的概念、重点检查对象和检查的重点部位
- ☞ 掌握人身检查的方法

第 1 节　民航机场人身检查概述

一、人身检查的定义

人身检查是指采用公开的仪器和手工相结合的方式，对旅客人身进行安全检查，其目的是为了发现旅客身上藏匿的危险品、违禁品及限制物品，保障民用航空器及其所载人员的生命、财产安全。

人身检查包括引导旅客有秩序地通过安全门，检查旅客自行放入盘中的物品，对旅客人身进行仪器或手工检查，准确识别并根据有关规定处理违禁物品。

二、人身检查的岗位及工作流程

1. 引导岗位及工作流程

（1）引导检查员将衣物筐放于安全门一侧的工作台上并站立于安全门一侧，面对旅客进入通道的方向保持待检状态，如图 6—1 所示。

图 6—1　引导岗位

（2）当旅客进入检查通道时，引导检查员应提示并协助旅客将随身行李正确而有序地放置于 X 射线检查仪的传送带上，同时请旅客将随身物品及随身行李中的便携式计算机、手机、照相机等电器类物品取出放入衣物筐内。若旅客穿着较厚重的外套，应请其将外套脱下，一并放入衣物筐接收 X 射线检查仪检查。

（3）引导检查员应观察手检区人身检查员的工作情况（即当人身检查员正在对旅客进行检查时，引导检查员应请待检旅客在安全门一侧等待），待人身检查员检查完毕，引导待检旅客有序通过安全门。引导检查员应合理控制过检速度，保证检查通道的畅通。

（4）对不宜经过 X 射线检查仪检查的物品，引导检查员应通知开箱检查员对其进行手工开箱检查。

（5）对怀孕的、带有心脏起搏器的、坐轮椅的残疾或重病旅客等不宜通过金属探测门检查的旅客，引导检查员应提醒人身检查员进行手工人身检查。

2. 人身检查员岗位及工作流程

人身检查员一般采用移位人身检查法进行人身检查。移位人身检查法是指现场工作中，旅客在接受人身检查时，人身检查员按规定方法主动完成从前到后的人身检查程序，从而使旅客避免转身的不便，并且始终能面对自己行李物品的人身检查方法。工作流程如下：

（1）人身检查员面对或侧对金属探测门站立，注意观察金属探测门报警情况及动态，确定人身检查对象。

（2）当旅客通过金属探测门时金属探测门发生报警或旅客为重点检查对象时，人身检查员指引旅客到指定位置接受人身检查。

（3）人身检查员请旅客面对行李物品方向站立，提醒旅客照看好自己的行李物品，并从旅客正面实施人身检查。

（4）人身检查员在完成旅客正面的人身检查程序后，主动转至旅客身后，从旅客背面实施人身检查。

（5）当人身检查员检查到旅客脚步有异常时或鞋子较厚较大时，应该让旅客坐在椅子上，请其脱鞋，用手持金属探测器和手工相结合的方法对其脚踝进行检查，同时将旅客的鞋过 X 射线检查仪进行检查。

（6）检查完毕后，人身检查员提醒旅客拿好自己的行李物品，并回到原检查位置进入待检状态。

三、人身检查的重点对象和重点部位

1. 人身检查的重点对象

（1）精神恐慌、言行可疑、伪装镇静者。

（2）冒充熟人、假献殷勤、接受检查过于热情者。

（3）表现不耐烦、催促检查或者言行蛮横、不愿接受检查者。

（4）窥视检查现场、探听安全检查情况等行为异常者。

（5）本次航班已开始登机、匆忙赶到安全检查现场者。

（6）公安部门、安全检查站掌握的嫌疑人和群众提供的有可疑言行的旅客。

（7）上级或有关部门通报的来自恐怖活动频繁的国家和地区的人员。

（8）着装与其身份不相符或不合时令者。

（9）男性青壮年旅客。

（10）根据空防安全形势需要采取特别安全措施的航线的旅客。

（11）有国家保卫对象乘坐的航班的其他旅客。

（12）检查中发现的其他可疑者。

2. 人身检查的重点部位

人身检查的重点部位包括头部、肩胛、胸部、手部（手腕）、臀部、腋下、裆部、腰部、腹部、脚部，如图 6—2 所示。

图 6—2　人身检查

四、人身检查从严检查的相关要求

1. 对经过手工人身检查仍不能排除疑点的旅客，可带至安检室进行从严检查。

2. 实施从严检查前应报告安监部门值班领导，经批准后才能进行。从严检查必须由与旅客同性的两名以上安检人员实施。

3. 从严检查应做好记录，并注意监视检查对象，防止其行凶、逃跑或毁灭证据。

第 2 节　民航机场人身检查方法

对旅客进行人身检查有仪器检查和手工检查两种方法。在现场工作中通常可采用仪器检查和手工检查相结合的方法进行检查。

一、仪器检查

仪器检查是指安检人员按规定的方法对旅客进行金属探测门检查或手持金属探测器等检查。

1. 金属探测门检查的方法

所有旅客都必须通过安全门检查（符合条件的免检者除外）。旅客通过安全门之前，引导员应首先提醒其取出随身物品（包括香烟、钥匙、手机等），然后引导旅客按次序逐个通过安全门（要注意掌握旅客流量）。如果发生报警，安检人员应使用手持金属探测器或手工检查的方法进行复查，彻底排除疑点后才能放行。对未报警的旅客，安检人员可使用手持金属探测器或手工检查的方法进行抽查。

2. 手持金属探测器检查的方法

手持金属探测器检查是指通过金属探测器和手工相结合的方法按规定程序对旅客人身实施检查，如图 6—3 所示。检查时，金属探测器所到之处，人身检查员应用另一只手配合摸、按、压的动作进行检查。如果手持金属探测器报警，人身检查员应配合触摸报警部位进行复查，以判断报警物质性质，同时请旅客取出物品进行检查。旅客取出物品后，人身检查员应对该报警部位进行复查，确认无误后，方可进行下一步检查。手持金属探测器检查的顺序如下：前衣领→右肩→右大臂外侧→右手→右大臂内侧→腋下→右前胸→右上身外侧→腰、腹部→左肩→左大臂外侧→左手→左大臂内侧→腋下→左前胸

→左上身外侧→腰、腹部；右膝部内侧→裆部→左膝部内侧；头部→后衣领→背部→后腰部→臀部→左大腿外侧→左小腿外侧→左脚→左小腿内侧→右小腿内侧→右脚→右小腿外侧→右大腿外侧。

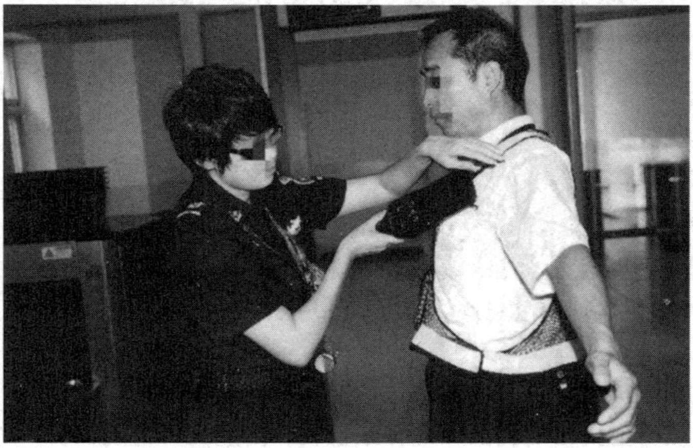

图 6—3　手持金属探测器检查

二、手工检查

手工检查是指安检人员按规定的方法对旅客身体采取摸、按、压等方法进行检查。

1. 手工检查的方法

手工检查主要是指顺着旅客身体的自然形状，通过用手摸、按、压等方法进行检查。按、压是指在手不离开旅客的衣物或身体的情况下用适当的力量进行按压，以感觉出旅客身体或衣物内不相贴合、不自然的物品。对旅客取出物品的部位，应用手进行复查，排除疑点后方可进行下一步检查。手工检查如图 6—4 所示。

手工检查一般应由同性别安检人员实施。手工检查遵循由上到下、由里到外、由前到后的顺序。手工检查时，人身检查员面对旅客，先从前衣领开始，至双肩、前胸、腰部止；然后从后衣领起，至双臂外侧、双臂内侧、腋下、背部、后腰、裆部、双腿内侧、双腿外侧和脚部止。冬季着装较多时，可请旅客解开外衣，对外衣也必须进行认真的检查。

2. 手工检查的注意事项

（1）检查时，检查员双手要切实接触旅客身体和衣服，因为手掌面积大且触觉教敏锐，这样能及时发现藏匿的物品。

图 6—4　手工检查

（2）不可只查上半身不查下半身，特别要注意检查重点部位。

（3）对旅客从身上掏出的物品，应仔细检查，防止夹带危险品。

（4）检查过程中要不间断地观察旅客的表情，防止发生意外。

（5）对女性旅客检查时，必须由女检查员进行。

思考与练习

1. 什么是移位人身检查法？
2. 人身检查的重点对象和重点部位有哪些？
3. 如何进行人身检查？

第7章 飞机监护与隔离区监控

飞机监护主要是指在航空器活动区的监护，包括航空器起飞、着陆以及与此有关的地面活动区域，含跑道、滑行道、联络道、客机坪。隔离区是根据安全需要在候机楼（室）内划定的供已经安全检查的出港旅客等待登机的区域和登机通道、摆渡车。飞机监护和隔离区监控都是保证航空安全的重要措施。

学习目标

☞ 了解飞机监护的概念、有关规定

☞ 了解飞机监护的内容、程序、重点航班和重点部位

☞ 了解飞机清舱的程序和重点部位

☞ 掌握隔离区监控的概念和内容，了解隔离区监控的程序、重点工作和隔离区清场工作

第 1 节　飞机监护

一、飞机监护的概念

飞机监护是指安检机构对执行飞行任务的民用航空器在停机坪短暂停留期间进行监护，范围是以航空器为中心，周围 30 米区域，如图 7—1 所示。飞机监护是确保航空器和旅客安全的重要环节。

飞机监护包括对出、过港航空器和经过安全检查的旅客及手提行李进行监护，对候机楼、隔离区和其他监护区实施清场，防止无关人员、车辆进入监护区或登机，防止未经安全检查的物品被带入监护区或航空器，以及防止发生劫机分子强行登机或地面炸机等破坏活动。

图 7—1　飞机监护

二、飞机监护的有关规定

1. 对出港航空器的监护从机务人员移交监护人员时起，至旅客登机后航空器滑行时止；对过港航空器的监护从其到达客机坪时开始，至旅客登机后航空器滑行时止；对执行国际、地区及特殊管理的国内航线飞行任务的进港航空器的监护从其到达停机坪时开始，至旅客下机完毕、机务人员开始工作为止。

2. 对当日首班出港航空器，监护人员应在起飞时间前90分钟与机务人员办理交接手续。

3. 对执行航班任务延误超过 90 分钟的航空器，由安检机构交由机务人员管理，至确定起飞时间前 60 分钟由机务人员移交安检机构实施监护。

三、飞机监护的内容

1. 执行航班飞行任务的民用航空器在客机坪短暂停留期间，由安检机构负责监护。

2. 民用航空器监护人员应当根据航班动态，按时进入监护岗位，做好对民用航空器监护的准备工作。民用航空器监护人员应当坚守岗位，严格检查登机工作人员的通行证件，密切注视周围动态，防止无关人员和车辆进入监护区。在旅客登机时，民用航空器监护人员应协助维持秩序，防止未经过安全检查的人员或物品进入航空器。

3. 空勤人员登机时，民用航空器监护人员应当查验其中国民航空勤登机证。加入机组执行任务的非空勤人员，应当持有中国民航公务乘机通行证和本人工作证（或学员证）。对上述人员携带的物品，民用航空器监护人员应当查验是否经过安全检查；未经过安全检查的，不得带上民用航空器。

4. 在出、过港民用航空器关闭舱门准备滑行时，监护人员应当退至安全线以外，记载航空器编号和起飞时间后，方可撤离现场。

5. 民用航空器监护人员接受和移交航空器监护任务时，应当与机务人员办理交接手续，填写记录，并经双方签字。

6. 民用航空器客、货舱装载前的清舱工作由航空器经营人负责。必要时，经机场公安机关或安检机构批准，公安民警、安检人员可以进行清舱。

7. 防止武器、凶器、弹药、易燃、易爆、毒害品、放射性物品，以及其他危害航空器、旅客安全的违禁物品带入监护区或带上航空器。

四、飞机监护的程序、重点航班、重点部位

1. 飞机监护的程序

（1）准备阶段

1）了解当天航班动态，通过离港系统向外场、调度等单位及时了解航班变化情况，

注意班次的增减、机型的变更和起飞时间的变动。

2）派班员根据航班动态和本中队人员情况，为各个监护小组逐个安排勤务任务，明确指定航班和机型。

3）监护小组人员领取对讲机和登记本等用品，整理好着装，做好上岗准备工作。

（2）实施阶段

监护小组在当天首次出港航班起飞前90分钟进入监护位置（进港航班从航空器到停机坪时开始执行）。

1）到达监护位置后，对货舱和机舱等部位进行清查，无误后与机务人员办理交接手续，然后回到机下梯口或廊桥口开始监护。

2）旅客登机前，对机组人员和地面登机人员的证件和携带行李进行检查（航行包除外）。

3）对进出港航空器货舱进行监装、监卸和监管。

4）旅客登机时，站立梯口或廊桥口一侧观察上客情况，禁止无关人员（包括地面工作人员）进入航空器。

5）旅客登机完毕，舷梯撤离后，退出原监护位置至安全线以外。

6）航空器起飞时，记载航空器编号和起飞时间，监护人员撤离。

7）结束飞行任务的航空器返回后，监护人员待旅客全部下机，与机务人员办理交接手续后方可撤离。

（3）结束阶段

1）当次航班监护任务完成后，监护人员应及时返回中队所在地，汇报监护情况，稍做休整准备下一次的监护工作。

2）当天航班结束后，监护中队值班领导及内勤清点所有装备，记录当天工作情况（重点情况随时记载），方可下班。

2. 飞机监护的重点航班

（1）我国领导人、外国领导人或代表团及其他重要客人乘坐的航班。

（2）发现有重大可疑情况的航班。

（3）上级通知重点监护的航班。

3. 飞机监护的重点部位

飞机重点监控的重点部位有舷梯口、廊桥口、货舱和起落架舱。

五、飞机清舱的程序和重点部位

1. 飞机清舱的程序

（1）清查前，由监护小组组长布置任务，明确分工。

（2）清查时，应先对航空器外部进行观察和检查。对客舱的清查可分别从机头、机尾同时进行，至中部会合；也可以按从机头到机尾或从机尾到机头的顺序进行。对内部各部位的清查可按先低后高的顺序进行。

（3）清查结束，进入监护位置，直至飞机起飞。

2. 飞机清舱的重点部位

（1）卫生间。

（2）乘务员操作间的每个储存柜、配餐间、垃圾箱。

（3）旅客座位坐垫下和每个客舱的最后一排座椅背后。

（4）行李架、货舱。

（5）起落架舱。

第 2 节　隔离区监控

一、隔离区监控的概念

隔离区监控是指对隔离区的管理、清理和检查，禁止未经检查的人与已检人员接触和随意进出，防止外界人员向内传递物品，防止藏匿不法分子和危险物品，保证旅客和隔离区的安全。

二、隔离区监控的内容

1. 负责旅客到达前的隔离区清场工作，检查隔离区内的设施、设备和物品是否完好，有无藏匿可疑人员或可疑物品。

2. 负责对经过安全检查的旅客进行管理，维护隔离区的秩序。

3. 负责进出大门、通道的监控，检查进出隔离区工作人员的证件，防止无证、非本区域人员和未经安检的物品进入隔离区。

4. 负责隔离区的巡视，观察旅客动态，开展调查研究，注意发现可疑动向，如有情况立即报告领导。

5. 负责旅客离开登机口后至登机（或上摆渡车）前的管理和监控，防止旅客离开或无关人员混入旅客行列，或互相传递物品。

6. 宣传安全检查工作的政策规定，解答旅客询问。

三、隔离区监控岗位工作程序

隔离区监控岗位工作程序如下：

1. 上岗前，由分队长（或班长）分配岗位，布置任务。

2. 上岗后，监护人员分别对隔离区各部位进行严密清场。

3. 清场完毕，按分工把守登机口、通道，在隔离区内巡视。

4. 旅客到来后，注意发现形迹可疑和频繁进出的人员。

5. 在旅客候机期间，应经常巡查隔离区的各个部位，注意观察旅客动态，对重点部位要加强监控。

6. 当天航班结束后，要查看、清理隔离区现场，注意发现有无遗留旅客和可疑人员及危险物品。

四、隔离区监控的重点

隔离区监控的重点包括对登机通道口的监控和候机楼隔离区的安全监控。

1. 登机通道口的监控

（1）对通过登机通道口的人员的证件进行严格检查，禁止证件不符的人员进入隔离区，防止旅客过早进入停机坪和错上航空器。

（2）工作人员携带行李物品从登机通道进入隔离区时，必须经过安全检查。对未经检查的体积小、数量少、通过手检可排除疑点的物品，监护人员可检查放行；对不便通过手检的行李物品不予放行，必须经过安检仪器检查。

（3）旅客登机时，监护人员站在登机口或登机通道旁，维护旅客登机秩序，防止旅客在登机行进期间与外界人员接触或传递有碍航空安全的危险品，检查旅客登机牌是否加盖验讫章，防止送行、无证等人员随旅客行列进入停机坪、接近或登上航空器。

（4）免检旅客、保密人员因故需从登机口进入隔离区或直接登机的，按通知要求核实后放行；对无法正常经过安全检查（事先联系）的伤员、残疾人、重病人需要从登机口直接登机的，由安检人员对其实施安全检查后放行。

（5）当天航班结束后，要查看、清理隔离区现场，防止遗留旅客和可疑人员及危险物品，将所有通道锁闭。

2. 候机隔离区的安全监控

（1）经过安全检查的旅客进入候机隔离区以前，安检机构应当对候机隔离区进行清场。

（2）安检机构应当派员在候机隔离区内巡视，对重点部位加强监控。

（3）经过安全检查的旅客应当在候机隔离区内等待登机。如遇航班延误或其他特殊原因离开候机隔离区的，再次进入时应当重新经过安全检查。

（4）因工作需要进入候机隔离区的人员，必须佩戴机场公安机关制发的候机隔离区通行证件。上述人员及其携带的物品应当经过安全检查。安检机构应当在候机隔离区工作人员通道口派专人看守，检查进出人员。

（5）候机隔离区内的商店不得出售可能危害航空安全的商品。商店所运商品应当经过安全检查，同时接受安全部门的安全监督。

此外，隔离区监控的重点部位还包括门、窗等隔离区旅客容易与外界人员接触的地方和卫生间、吸烟区、垃圾桶、各种柜台等容易匿藏违禁物品的地方。

五、隔离区清场

隔离区清场是指查找隔离区有无可疑物品和可疑人员，并确定可疑物品的性质和威胁程度，及时通知有关部门排除其危险性，保证安全。隔离区清场的方法包括仪器清查和人工清查。

1. 仪器清查

（1）金属探测器清查

主要是利用金属探测器清查监护区域内有无隐藏武器等金属性违禁物品。

（2）钟控定时装置探测器清查

利用钟控定时装置探测器清查监护区内有无隐藏定时爆炸装置。

（3）监控设备清查

通过遥控监护区内的监控探头，搜索有无可疑人员及可疑物品滞留在监护区内。

2. 人工清查

看：对被清查的区域、对象进行观察。

听：进入清查区域后，关上门窗，静听有无类似闹钟的“嘀哒”声或其他异响。

摸：对通过外观看不清的固定物体、设施，用手触摸检查有无隐藏物品。

探：对既无法透视又不能用仪器检查的部位和物品，可用探针检查。

开：对清查区域内的箱柜、设施要打开、移开检查，如候机室内的各种柜台等要移开检查。

3. 隔离区清场的重点部位

隔离区清场的重点部位包括卫生间、电话间、吸烟区、各种柜台、垃圾桶、窗台、窗帘、窗帘盒、座椅。

思考与练习

1. 飞机监护包括哪些内容？
2. 飞机监护的重点部位和重点航班包括哪些？
3. 隔离区监控的程序是什么？

第 8 章
机场联检部门工作常识

机场联检制度是进出境的航空器检查的特殊形式，包括出入境边防检查、海关检查、检疫检查等。出境旅客办票之后，需要通过出境联检区，经过相关检查后才能登机。

学习目标

☞ 了解出入境边防检查站的检查内容

☞ 了解海关的检查内容

☞ 了解检疫部门的检查内容

第 1 节　出入境边防检查站工作常识

出入境边防检查站是国家设在对外开放口岸的出入境边防检查机关，是代表国家行使出入境管理职权的职能部门，是国家的门户。出入境边防检查站的任务是维护国家主权、安全和社会秩序，发展国际交往，对一切出入境人员的护照、证件和交通运输工具实施检查和管理，实施口岸查控，防止非法出入境。

一、出入境证件检查

出入境边防检查站依据《中华人民共和国出入境边防检查条例》代表国家行使出入境管理职权，对出入境人员进行严格的证件检查。

1. 入境证件检查

检查的证件包括：护照、签证、大陆居民往来台湾通行证、中华人民共和国海员证、港澳居民来往内地通行证、中华人民共和国旅行证、中华人民共和国入出境通行证、台湾居民来往大陆通行证、内地居民往来港澳通行证、因公往来香港澳门特别行政区通行证等。

2. 出境证件检查

（1）外国公民入境后应在签证有效期内离开中国。

（2）中国公民出境必须向主管部门申领护照，前往非落地签证和免签证国家还应持有效签证。

二、拒绝、阻止出入境

凡被认为入境后可能危害中国的国家安全和社会秩序者，持伪造、涂改或他人护照、证件者，未持有效护照、签证者，以及患有精神病、麻风病、艾滋病、性病等传染病，或者不能保障在中国期间所需费用者，拒绝接受查验证件者，公安部或国家安全部通知的不准入境者，边防检查站将有权阻止其入境。

刑事案件的被告人或者犯罪嫌疑人；有未了结的民事案件的人；有违犯中国法律的行为尚未处理且经有关主管机关认定需要追究的人，未持有效证件或者持用他人证件的人，以及持有伪造或者涂改的出境证件的人，边防检查站有权阻止其出境。

三、出入境交通运输工具检查

设在我国对外开放的国家航空港、港口等口岸的边防检查站分别对国际航空器等运输工具实施边防检查。航空器抵达中国前，乘务人员要负责向旅客分发入境登记卡，抵达后要向边防检查站提供旅客和机组人员名单。出境时办完值机手续后，各航空公司负责办理值机手续的人员要向边防检查站书面报告旅客人数，经批准后方可离境。

四、行李物品、货物的检查

边防检查站根据维护国家安全和社会秩序的需要，可以对出境、入境人员携带的行李物品和交通运输工具载运的货物进行重点检查。

出境、入境的人员和交通运输工具不得携带、载运法律、行政法规规定的危害国家安全和社会秩序的违禁物品；携带、载运违禁物品的，边防检查站应当扣留违禁物品，依照有关法律、行政法规的规定对携带人、载运违禁物品的交通运输工具负责人进行处理。

任何人不得非法携带属于国家秘密的文件、资料和其他物品出境；非法携带属于国家秘密的文件、资料和其他物品出境的，边防检查站应当予以收缴，依照有关法律、行政法规规定对携带人进行处理。

出境、入境的人员携带或者托运枪支、弹药，必须遵守有关法律、行政法规的规定，向边防检查站办理携带或者托运手续；未经许可，不得携带、托运枪支、弹药出境、入境。

五、旅客边防检查有关规定

1. 旅客办理出入境边检手续有关规定

出入境旅客必须向边防检查站交验本人的有效护照或者其他出、入境证件。出境旅客需出示所乘航班登机牌，经边防检查站查验核准后，方可出境。

外籍旅客需按规定填写外国人入（出）境登记卡。办理入境边检手续后，边防检查站收存入境卡，本人保留出境卡待出境时使用。持团体签证来华的外籍旅客不需填写外国人入（出）境登记卡。

2. 旅客携带枪支、弹药出入境有关规定

旅客携带枪支、弹药出入境应提前向规定机关申请批准函件，并向边防检查站如实申报，办理相关检查手续。

3. 中国公民出入境有关规定

（1）内地居民出入境

内地居民出境，应持有有效护照和前往国签证（前往免签证国家和落地签证除外）；内地居民往来港澳地区，应持有内地居民往来港澳通行证及有效签注；大陆居民往来台湾地区，应持有大陆居民往来台湾通行证及有效签注；内地居民赴港澳、大陆居民赴台为旅游签注（"L"签注）的，应随旅游团团体出入境。

（2）港澳居民入出境

凭有效港澳居民来往内地通行证办理边检手续。

（3）台湾居民入出境

凭有效台湾居民来往大陆通行证及有效签注或居留许可办理边检手续。

4. 外国旅客入出境有关规定

外国旅客入出境，除免办签证者外，凭有效护照和中国签证（或永久居留证、居留许可）办理边检手续。

旅客在华逾期停留或旅游团入境后因特殊原因需分团的，应到当地公安机关出入境管理部门办理相关手续后再出境。

外国旅客入境后在华丢失护照的，应向驻华使（领）馆申请护照并到当地公安机关出入境管理部门办理相关手续后再出境。

第 2 节　海关工作常识

海关是根据国家法律对进出关、境的运输工具、货物和物品进行监督管理和征收关税的国家行政机关。海关的任务是依照《中华人民共和国海关法》和其他有关法律、法规，监管进出境的运输工具、货物、行李物品、邮递物品和其他物品，征收关税和其他税、费，查缉走私，编制海关统计报表和办理其他海关业务。

一、进出境旅客通关

“通关”是指进出境旅客向海关申报，海关依法查验行李并办理进出境征税或免税验放手续，或有关监管手续之总称。

1. 进出境旅客行李物品必须通过设有海关的地点进境或出境，接受海关监管。旅客应按规定向海关申报。

2. 除法律规定免验者外，进出境旅客行李物品应交由海关按规定查验后放行。

3. 旅客进出境携有需向海关申报的物品，应报请海关办理物品进境或出境手续。

4. 经海关验核签章的申报单应妥善保管，以便回程时或者进境后凭此办理有关手续。

二、进出境物品的管理

个人携带进出境的行李物品、邮寄进出境的物品应当以自用、合理数量为限，接受海关监督，如图 8—1 所示。

进出境物品的所有人应当如实向海关申报，接受海关查验。海关加施的封条、标条、标志任何人不得擅自开启或损毁。

进出境邮袋的卸装、转运和过境应接受海关监督。

邮运进出境的物品经海关查验放行后，有关经营单位方可投递或者交付。

过境人员未经海关批准，不得将其所带物品留在境内。

图 8—1　进出境物品管理

三、进出境运输工具的管理

进出境运输工具到达或者驶离设立海关的地点时，运输工具负责人应当向海关如实申报，交验单证，接受海关监管和检查。未经海关同意，停留在设立海关的地点的进出境运输工具不得擅自驶离。

运输工具装卸进出境货物、物品，上、下进出境旅客，应当接受海关监管。上、下进出境运输工具的人员携带物品的，应当向海关如实申报，接受海关检查。对有走私嫌疑的，海关有权拆开可能藏匿走私货物物品的进出境运输工具的部位。

由于不可抗力的原因，进出境船舶和航空器被迫在未设立海关的地点停泊、降落或者抛掷、起卸货物、物品，运输工具负责人应当立即报告附近海关。

四、关税的征收和减免

为了简化计税手续和方便纳税人，中国海关对进境旅客行李物品和个人邮递物品实施了专用税则和税率。除《中华人民共和国海关法》另有规定的外，准许进出境的物品由海关依照进出口税则征收关税。进出境物品的纳税义务人应当在物品放行前缴纳税款。部分规定的进口货物、进出境物品减征或免征关税。

五、旅客海关检查有关规定

1. 旅客通关时应选择正确通道

在海关监管场所，海关设置“申报通道”和“无申报通道”。

（1）进出境旅客没有携带应向海关申报物品的，无须填写《中华人民共和国海关进出境旅客行李物品申报单》（以下称《申报单》），可选择“无申报通道”（又称“绿色通道”）通关。

（2）除海关免于监管的人员以及随同成人旅行的 16 周岁以下旅客以外，进出境旅客携带有应向海关申报物品的，须填写《申报单》，向海关书面申报，并选择“申报通道”（又称“红色通道”）通关。有不明规定的旅客应主动选择“申报通道”通关并到海关申报柜台进行书面申报，其他任何形式或在其他任何时间、地点所做出的申报形式，海关均不视为有效申报。

（3）持有中华人民共和国政府主管部门给予外交、礼遇签证的进出境旅客，通关时应主动向海关出示本人有效证件，海关予以免验礼遇。

2. 旅客需向海关申报的物品范围

个人携带进出境的物品应当以自用、合理数量为限，超出此范围的应当如实向海关申报。

（1）进境需向海关申报物品

进境旅客携带有下列物品的，应在《申报单》相应栏目内如实填报，并将有关物品交海关验核，办理有关手续。

1）动植物及其产品，微生物、生物制品、人体组织、血液制品。

2）居民旅客在境外获取的总值超过人民币 5 000 元（含 5 000 元，下同）的自用物品。

3）非居民旅客拟留在中国境内的总值超过 2 000 元的物品。

4）酒精饮料超过 1 500 毫升（酒精度 12° 以上），或香烟超过 400 支，或雪茄超过 100 支，或烟丝超过 500 克。

5）人民币现钞超过 20 000 元，或外币现钞折合超过 5 000 美元。

6）分离运输行李、货物、货样、广告品。

7）其他需要向海关申报的物品。

（2）出境需向海关申报物品

出境旅客携带有下列物品的，应在《申报单》相应栏目内如实填报，并将有关物品交海关验核，办理有关手续。

1）文物、濒危动植物及其制品、生物物种资源、金银等贵重金属。

2）居民旅客需复带进境的单价超过 5 000 元的照相机、摄像机、便携式计算机等旅行自用物品。

3）人民币现钞超过 20 000 元，或外币现钞折合超过 5 000 美元。

4）货物、货样、广告品。

5）其他需要向海关申报的物品。

若旅客携带《中华人民共和国禁止进出境物品表》所列物品进出境，予以没收或责令退回，或者在海关监管下予以销毁，情节严重者将追究刑事责任。

知识链接

中华人民共和国禁止进出境物品表

一、禁止进境物品

1. 各种武器、仿真武器、弹药及爆炸物品。

2. 伪造的货币及伪造的有价证券。

3. 对中国政治、经济、文化、道德有害的印刷品、胶卷、照片、唱片、影片、录音带、录像带、计算机存储介质及其他物品。

4. 各种烈性毒药。

5. 鸦片、吗啡、海洛因、大麻以及其他能使人成瘾的麻醉品、精神药物。

6. 带有危险性病菌、害虫及其他有害生物的动物、植物及其产品。

7. 有碍人畜健康的、来自疫区的以及其他能传播疾病的食品、药品或其他物品。

二、禁止出境物品

1. 列入禁止进境范围的所有物品。

2. 内容涉及国家秘密的手稿、印刷品、胶卷、照片、唱片、影片、录音带、录像带、计算机存储介质及其他物品。

3. 珍贵文物及其他禁止出境的文物。

4. 濒危的和珍贵的动植物（均含标本）及其种子和繁殖材料。

3. 旅客接受海关查验注意事项

（1）进出境物品的所有人应配合接受海关查验。

（2）查验进出境旅客行李物品的时间和场所由海关指定。海关查验行李物品时，物品所有人应当到场并负责物品的搬移、开拆和重封物品的包装。

（3）查验时，请旅客主动出示有效身份证件，以便海关确定旅客身份和物品验放标准。

（4）违反海关规定，逃避海关监管，携带国家禁止、限制进出境或者依法应当缴纳税款的货物、物品进出境的，海关将依据《中华人民共和国海关法》和《中华人民共和国海关行政处罚实施条例》予以处罚。

4. 其他规定

（1）海关对进出境行李物品加施的封志，任何人不得擅自开启或损毁。

（2）经海关核准登记准予暂时进出境的物品，须由本人在本次复带出境或进境。

（3）旅客以分离运输方式运进行李物品，应当在进境时向海关申报。

（4）非居民旅客返程出境时，如需要选择“申报通道”通关，可在其原进境时填写并经海关批注和签章的《申报单》上出境栏目内填写相关内容，或者另填写一份《申报单》，向海关办理出境申报手续。居民旅客回程进境时，如需要选择“申报通道”通关，可在其原出境时填写并经海关批注和签章的《申报单》上进境栏目内填写相关内容，或者另填写一份《申报单》，向海关办理进境申报手续。

第 3 节　检疫部门工作常识

出入境检验检疫是负责出入境卫生检疫、动植物检疫等的检验检疫机构。自 2018 年 4 月起，出入境检验检疫管理职责和队伍划入海关系统，出入境检验检疫系统统一以海关名义对外开展工作。

一、卫生检疫

卫生检疫也称“口岸卫生检疫”。卫生检疫部门是国家在国境口岸的卫生检疫机关，执行《中华人民共和国国境卫生检疫法》《中华人民共和国食品卫生法》及有关法规，防止传染病由国外传入或由国内传出，保护人体健康。卫生检疫是一国政府为防止危害严重的传染病通过出入国境的人员、行李和货物传入、传出、扩散所采取的防疫措施。

卫生检疫包括对出入境人员、交通工具、运输设备和可能传播检疫传染病的行李、货物、邮包，以及进口食品等实施检疫查验、传染病监测、卫生监督、卫生处理和卫生检验。并为出入境人员办理预防接种、健康体检并签发证件，提供国际旅行健康咨询、预防急救药品等，如图 8—2 所示。

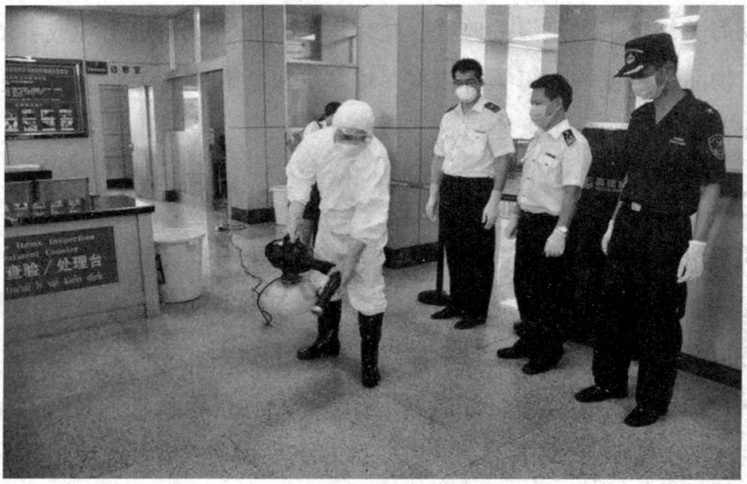

图 8—2　卫生检疫

1. 卫生检疫查验管理

旅客出入境时，出入境交通工具和人员、集装箱、行李、货物、邮包等必须在最先到达或最后离开的过境口岸指定的地点接受医学检查和卫生检查检疫。

入境的交通工具和人员须在最先到达的国境口岸接受检疫；出境的交通工具和人员须在最后离开的国境口岸接受检疫。检验检疫机构对未染有检疫传染病或者已实施卫生处理的交通工具签发入境或者出境检疫证。

2. 传染病检测管理

检验检疫机构对入境、出境人员实施传染病监测，有权要求出入境人员填写健康申明卡，出示预防接种证书、健康证书或其他有关证件。

中国国境卫生检疫部门根据旅客来自国家或地区的不同，决定是否实施检疫。

对患有鼠疫、霍乱、黄热病的出入境人员，应实施隔离留验。对患有艾滋病、性病、麻风病、精神病、开放性肺结核的外国人应阻止入境。对患有监测传染病的出入境人员，视情况分别采取留验、发给就诊方便卡等措施。

3. 卫生监督和卫生处理

检验检疫机构负责对国境口岸和停留在国境口岸的出入境交通工具的卫生状况实施卫生监督。

检验检疫机构负责对发现的患有检疫传染病、监测传染病、疑似检疫传染病的入境人员实施隔离、留验和就地诊验等医学措施，对来自疫区、被传染病污染、发现传染病媒介的出入境交通工具、集装箱、行李、货物、邮包等物品进行消毒、除鼠、除虫等卫生处理。

4. 进口食品卫生监督检验

检验检疫机构按照我国卫生标准和卫生要求对已到达口岸的进口食品进行检查。检验检疫机构对进口食品按食品危险性等级分类进行管理，依照国家卫生标准进行监督检验，检验合格的，方准进口。对不符合标准的食品，根据其检验结果的危害程度采取退货、销毁、改为他用或加工处理等措施。

二、动植物检疫

动植物检疫部门是代表国家依法在开放口岸执行进出境动植物检疫、检验、监管的检验机关，根据《中华人民共和国进出境动植物检疫法》规定，负责检疫进出我国国境的动植物及其他产品和其他检疫物，装载动植物产品和其他检疫物的转载容器、包装物，以及来自动植物疫区的运输工具。

1. 进境检疫管理

我国对进境检疫的审批、进境检疫物运输工具和检疫物有明确规定。进口货物到达口岸前或抵达口岸时，须在入境口岸动植物检疫部门办理报检手续。

2. 出境检疫管理

货主或代理人在动植物及其他产品和其他检疫物出境前，须向动植物检疫部门办理报检手续，经检验合格方可出境。

3. 携带、邮寄动植物检疫管理

入境旅客及交通工具员工携带或托运的动植物及其产品和其他检疫物，应按照《中华人民共和国进出境动植物检疫法》规定，在入境时申报并接受口岸动植物检疫机关检疫。涉及宠物运输时，旅客须至区级以上的动物防疫机构提前办理“动物检疫证明”。国内的航空公司禁止旅客随身携带宠物，有关国内宠物航空运输问题须致电航班实际承运的航空公司。

邮寄进境的植物种子、繁殖材料、生物物品等邮件，应事先办理进境检疫审批手续，检疫合格后交邮局转递，未经检疫的邮件，邮局不得运抵。动植物检疫如图 8—3 所示。

图 8—3 动植物检疫

知识链接

禁止携带入境以及可以携带入境但必须向检验检疫部门申报的物品

一、禁止携带入境的物品

1. 人血及其制品。

2. 水果、辣椒、茄子、西红柿。

3. 动物尸体以及标本。

4. 土壤。

5. 动植物病原体、害虫以及其他有害生物。

6. 活动物（伴侣犬、猫除外）以及动物精液、受精卵、胚胎等遗传物质。

7. 蛋、皮张、鬃毛类、蹄骨角类、油脂类、动物肉类（含脏器类）及其制品，鲜奶、奶酪、黄油、奶油、乳清粉、蚕蛹、蚕卵，动物血液及其制品，水生动物产品。

8. 转基因生物材料。

9. 废旧服装。

如携带上述物品，应主动交由检验检疫官员处理或投放到检验检疫处理箱内。

二、允许带入但需申报检验的物品

1. 种子、苗木及其他繁殖材料、烟叶、粮谷、豆类（入境前需事先办理检验审批手续）。

2. 鲜花、切花、干花。

3. 植物性样品、展品、标本。

4. 干果、干菜、腌制蔬菜、冷冻蔬菜。

5. 竹、藤、柳、草、木制品。

6. 犬、猫（伴侣动物，每人限带一只，需持有狂犬病免疫证明以及出发地所在国官方检疫机构出具的检疫证书，入境后需在检验检疫机构指定的地点隔离检疫 30 天）。

7. 特许进口的人类血液及制品、微生物、人体组织以及生物制品。

如携带上述物品，应主动向检验检疫机关申报并接受检疫。

思考与练习

1. 旅客被拒绝和阻止出入境的情形有哪些？

2. 旅客进出境通关的程序是什么？

3. 卫生检疫和动植物检疫包括哪些内容？

附　　录

民用航空安全检查规则
（中华人民共和国交通运输部令 2016 年第 76 号）

《民用航空安全检查规则》已于 2016 年 8 月 31 日经第 19 次部务会议通过，自 2017 年 1 月 1 日起施行。

第一章　总　　则

第一条　为了规范民用航空安全检查工作，防止对民用航空活动的非法干扰，维护民用航空运输安全，依据《中华人民共和国民用航空法》《中华人民共和国民用航空安全保卫条例》等有关法律、行政法规，制定本规则。

第二条　本规则适用于在中华人民共和国境内的民用运输机场进行的民用航空安全检查工作。

第三条　民用航空安全检查机构（以下简称“民航安检机构”）按照有关法律、行政法规和本规则，通过实施民用航空安全检查工作（以下简称“民航安检工作”），防止未经允许的危及民用航空安全的危险品、违禁品进入民用运输机场控制区。

第四条　进入民用运输机场控制区的旅客及其行李物品，航空货物、航空邮件应当接受安全检查。拒绝接受安全检查的，不得进入民用运输机场控制区。国务院规定免检的除外。

旅客、航空货物托运人、航空货运销售代理人、航空邮件托运人应当配合民航安检机构开展工作。

第五条　中国民用航空局、中国民用航空地区管理局（以下统称“民航行政机关”）对民航安检工作进行指导、检查和监督。

第六条　民航安检工作坚持安全第一、严格检查、规范执勤的原则。

第七条　承运人按照相关规定交纳安检费用，费用标准按照有关规定执行。

第二章　民航安检机构

第八条　民用运输机场管理机构应当设立专门的民航安检机构从事民航安检工作。

公共航空运输企业从事航空货物、邮件和进入相关航空货运区人员、车辆、物品的安全检查工作的，应当设立专门的民航安检机构。

第九条　设立民航安检机构的民用运输机场管理机构、公共航空运输企业（以下简称“民航安检机构设立单位”）对民航安检工作承担安全主体责任，提供符合中国民用航空局（以下简称“民航局”）规定的人员、经费、场地及设施设备等保障，提供符合国家标准或者行业标准要求的劳动防护用品，保护民航安检从业人员劳动安全，确保民航安检机构的正常运行。

第十条　民航安检机构的运行条件应当包括：

（一）符合民用航空安全保卫设施行业标准要求的工作场地、设施设备和民航安检信息管理系统；

（二）符合民用航空安全检查设备管理要求的民航安检设备；

（三）符合民用航空安全检查员定员定额等标准要求的民航安全检查员；

（四）符合本规则和《民用航空安全检查工作手册》要求的民航安检工作运行管理文件；

（五）符合民航局规定的其他条件。

第十一条　民航行政机关审核民用机场使用许可、公共航空运输企业运行合格审定申请时，应当对其设立的民航安检机构的运行条件进行审查。

第十二条　民航安检机构应当根据民航局规定，制定并实施民航安检工作质量控制和培训管理制度，并建立相应的记录。

第十三条　民航安检机构应当根据工作实际，适时调整本机构的民航安检工作运行管理文件，以确保持续有效。

第三章　民航安全检查员

第十四条　民航安检机构应当使用符合以下条件的民航安全检查员从事民航安检工作：

（一）具备相应岗位民航安全检查员国家职业资格要求的理论和技能水平；

（二）通过民用航空背景调查；

（三）完成民航局民航安检培训管理规定要求的培训。

对不适合继续从事民航安检工作的人员，民航安检机构应当及时将其调离民航安检工作岗位。

第十五条　民航安检现场值班领导岗位管理人员应当具备民航安全检查员国家职业

资格三级以上要求的理论和技能水平。

第十六条　民航安全检查员执勤时应当着民航安检制式服装，佩戴民航安检专门标志。民航安检制式服装和专门标志式样和使用由民航局统一规定。

第十七条　民航安全检查员应当依据本规则和本机构民航安检工作运行管理文件的要求开展工作，执勤时不得从事与民航安检工作无关的活动。

第十八条　X射线安检仪操作检查员连续操机工作时间不得超过30分钟，再次操作X射线安检仪间隔时间不得少于30分钟。

第十九条　民航安检机构设立单位应当根据国家和民航局、地方人民政府有关规定，为民航安全检查员提供相应的岗位补助、津贴和工种补助。

第二十条　民航安检机构设立单位或民航安检机构应当为安全检查员提供以下健康保护：

（一）每年不少于一次的体检并建立健康状况档案；

（二）除法定假期外，每年不少于两周的带薪休假；

（三）为怀孕期和哺乳期的女工合理安排工作。

第四章　民航安检设备

第二十一条　民航安检设备实行使用许可制度。用于民航安检工作的民航安检设备应当取得“民用航空安全检查设备使用许可证书”并在“民用航空安全检查设备使用许可证书”规定的范围内使用。

第二十二条　民航安检机构设立单位应当按照民航局规定，建立并运行民航安检设备的使用验收、维护、定期检测、改造及报废等管理制度，确保未经使用验收检测合格、未经定期检测合格的民航安检设备不得用于民航安检工作。

第二十三条　民航安检机构设立单位应当按照民航局规定，上报民航安检设备使用验收检测、定期检测、报废等相关信息。

第二十四条　从事民航安检设备使用验收检测、定期检测的人员应当通过民航局规定的培训。

第五章　民航安检工作实施

第一节　一般性规定

第二十五条　民航安检机构应当按照本机构民航安检工作运行管理文件组织实施民航安检工作。

第二十六条　公共航空运输企业、民用运输机场管理机构应当在售票、值机环节和民航安检工作现场待检区域，采用多媒体、实物展示等多种方式，告知公众民航安检工作的有关要求、通告。

第二十七条　民航安检机构应当按照民航局要求，实施民航安全检查安全信用制度。对有民航安检违规记录的人员和单位进行安全检查时，采取从严检查措施。

第二十八条　民航安检机构设立单位应当在民航安检工作现场设置禁止拍照、摄像警示标识。

第二节　旅客及其行李物品的安全检查

第二十九条　旅客及其行李物品的安全检查包括证件检查、人身检查、随身行李物品检查、托运行李检查等。安全检查方式包括设备检查、手工检查及民航局规定的其他安全检查方式。

第三十条　旅客不得携带或者在行李中夹带民航禁止运输物品，不得违规携带或者在行李中夹带民航限制运输物品。民航禁止运输物品、限制运输物品的具体内容由民航局制定并发布。

第三十一条　乘坐国内航班的旅客应当出示有效乘机身份证件和有效乘机凭证。对旅客、有效乘机身份证件、有效乘机凭证信息一致的，民航安检机构应当加注验讫标识。

有效乘机身份证件的种类包括：中国大陆地区居民的居民身份证、临时居民身份证、护照、军官证、文职干部证、义务兵证、士官证、文职人员证、职工证、武警警官证、武警士兵证、海员证，香港、澳门地区居民的港澳居民来往内地通行证，台湾地区居民的台湾居民来往大陆通行证；外籍旅客的护照、外交部签发的驻华外交人员证、外国人永久居留证；民航局规定的其他有效乘机身份证件。

十六周岁以下的中国大陆地区居民的有效乘机身份证件，还包括出生医学证明、户口簿、学生证或户口所在地公安机关出具的身份证明。

第三十二条　旅客应当依次通过人身安检设备接受人身检查。对通过人身安检设备检查报警的旅客，民航安全检查员应当对其采取重复通过人身安检设备或手工人身检查的方法进行复查，排除疑点后方可放行。对通过人身安检设备检查不报警的旅客可以随机抽查。

旅客在接受人身检查前，应当将随身携带的可能影响检查效果的物品，包括金属物品、电子设备、外套等取下。

第三十三条　手工人身检查一般由与旅客同性别的民航安全检查员实施；对女性旅

客的手工人身检查，应当由女性民航安全检查员实施。

第三十四条　残疾旅客应当接受与其他旅客同样标准的安全检查。接受安全检查前，残疾旅客应当向公共航空运输企业确认具备乘机条件。

残疾旅客的助残设备、服务犬等应当接受安全检查。服务犬接受安全检查前，残疾旅客应当为其佩戴防咬人、防吠叫装置。

第三十五条　对要求在非公开场所进行安全检查的旅客，如携带贵重物品、植入心脏起搏器的旅客和残疾旅客等，民航安检机构可以对其实施非公开检查。检查一般由两名以上与旅客同性别的民航安全检查员实施。

第三十六条　对有下列情形的，民航安检机构应当实施从严检查措施：

（一）经过人身检查复查后仍有疑点的；

（二）试图逃避安全检查的；

（三）旅客有其他可疑情形，正常检查无法排除疑点的。

从严检查措施应当由两名以上与旅客同性别的民航安全检查员在特别检查室实施。

第三十七条　旅客的随身行李物品应当经过民航行李安检设备检查。发现可疑物品时，民航安检机构应当实施开箱包检查等措施，排除疑点后方可放行。对没有疑点的随身行李物品可以实施开箱包抽查。实施开箱包检查时，旅客应当在场并确认箱包归属。

第三十八条　旅客的托运行李应当经过民航行李安检设备检查。发现可疑物品时，民航安检机构应当实施开箱包检查等措施，排除疑点后方可放行。对没有疑点的托运行李可以实施开箱包抽查。实施开箱包检查时旅客应当在场并确认箱包归属，但是公共航空运输企业与旅客有特殊约定的除外。

第三十九条　根据国家有关法律法规和民航危险品运输管理规定等相关要求，属于经公共航空运输企业批准方能作为随身行李物品或者托运行李运输的特殊物品，旅客凭公共航空运输企业同意承运证明，经安全检查确认安全后放行。

公共航空运输企业应当向旅客通告特殊物品目录及批准程序，并与民航安检机构明确特殊物品批准和信息传递程序。

第四十条　对液体、凝胶、气溶胶等液态物品的安全检查，按照民航局规定执行。

第四十一条　对禁止旅客随身携带但可以托运的物品，民航安检机构应当告知旅客可作为行李托运、自行处置或者暂存处理。

对于旅客提出需要暂存的物品，民用运输机场管理机构应当为其提供暂存服务。暂存物品的存放期限不超过 30 天。

民用运输机场管理机构应当提供条件，保管或处理旅客在民航安检工作中暂存、自弃、遗留的物品。

第四十二条　对来自境外，且在境内民用运输机场过站或中转的旅客及其行李物品，民航安检机构应当实施安全检查。但与中国签订互认航空安保标准条款的除外。

第四十三条　对来自境内，且在境内民用运输机场过站或中转的旅客及其行李物品，民航安检机构不再实施安全检查。但旅客及其行李物品离开候机隔离区或与未经安全检查的人员、物品相混或者接触的除外。

第四十四条　经过安全检查的旅客进入候机隔离区以前，民航安检机构应当对候机隔离区实施清场，实施民用运输机场控制区 24 小时持续安保管制的机场除外。

第三节　航空货物、航空邮件的安全检查

第四十五条　航空货物应当依照民航局规定，经过安全检查或者采取其他安全措施。

第四十六条　对航空货物实施安全检查前，航空货物托运人、航空货运销售代理人应当提交航空货物安检申报清单和经公共航空运输企业或者其地面服务代理人审核的航空货运单等民航局规定的航空货物运输文件资料。

第四十七条　航空货物应当依照航空货物安检要求通过民航货物安检设备检查。检查无疑点的，民航安检机构应当加注验讫标识放行。

第四十八条　对通过民航货物安检设备检查有疑点、图像不清或者图像显示与申报不符的航空货物，民航安检机构应当采取开箱包检查等措施，排除疑点后加注验讫标识放行。无法排除疑点的，应当加注退运标识作退运处理。

开箱包检查时，托运人或者其代理人应当在场。

第四十九条　对单体超大、超重等无法通过航空货物安检设备检查的航空货物，装入航空器前应当采取隔离停放至少 24 小时安全措施，并实施爆炸物探测检查。

第五十条　对航空邮件实施安全检查前，邮政企业应当提交经公共航空运输企业或其地面服务代理人审核的邮包路单和详细邮件品名、数量清单等文件资料或者电子数据。

第五十一条　航空邮件应当依照航空邮件安检要求通过民航货物安检设备检查，检查无疑点的，民航安检机构应当加注验讫标识放行。

第五十二条　航空邮件通过民航货物安检设备检查有疑点、图像不清或者图像显示与申报不符的，民航安检机构应当会同邮政企业采取开箱包检查等措施，排除疑点后加注验讫标识放行。无法开箱包检查或无法排除疑点的，应当加注退运标识退回邮政企业。

第四节　其他人员、物品及车辆的安全检查

第五十三条　进入民用运输机场控制区的其他人员、物品及车辆，应当接受安全检查。拒绝接受安全检查的，不得进入民用运输机场控制区。

对其他人员及物品的安全检查方法与程序应当与对旅客及行李物品检查方法和程序一致，有特殊规定的除外。

第五十四条　对进入民用运输机场控制区的工作人员，民航安检机构应当核查民用运输机场控制区通行证件，并对其人身及携带物品进行安全检查。

第五十五条　对进入民用运输机场控制区的车辆，民航安检机构应当核查民用运输机场控制区车辆通行证件，并对其车身、车底及车上所载物品进行安全检查。

第五十六条　对进入民用运输机场控制区的工具、物料或者器材，民航安检机构应当根据相关单位提交的工具、物料或者器材清单进行安全检查、核对和登记，带出时予以核销。工具、物料和器材含有民航禁止运输物品或限制运输物品的，民航安检机构应当要求其同时提供民用运输机场管理机构同意证明。

第五十七条　执行飞行任务的机组人员进入民用运输机场控制区的，民航安检机构应当核查其民航空勤通行证件和民航局规定的其他文件，并对其人身及物品进行安全检查。

第五十八条　对进入民用运输机场控制区的民用航空监察员，民航安检机构应当核查其民航行政机关颁发的通行证并对其人身及物品进行安全检查。

第五十九条　对进入民用运输机场控制区的航空配餐和机上供应品，民航安检机构应当核查车厢是否锁闭，签封是否完好，签封编号与运输台账记录是否一致。必要时可以进行随机抽查。

第六十条　民用运输机场管理机构应当对进入民用运输机场控制区的商品进行安全备案并进行监督检查，防止进入民用运输机场控制区内的商品含有危害民用航空安全的物品。

对进入民用运输机场控制区的商品，民航安检机构应当核对商品清单和民用运输机场商品安全备案目录一致，并对其进行安全检查。

第六章　民航安检工作特殊情况处置

第六十一条　民航安检机构应当依照本机构突发事件处置预案，定期实施演练。

第六十二条　已经安全检查的人员、行李、物品与未经安全检查的人员、行李、物品不得相混或接触。如发生相混或接触，民用运输机场管理机构应当采取以下措施：

（一）对民用运输机场控制区相关区域进行清场和检查；

（二）对相关出港旅客及其随身行李物品再次安全检查；

（三）如旅客已进入航空器，应当对航空器客舱进行航空器安保检查。

第六十三条　有下列情形之一的，民航安检机构应当报告公安机关：

（一）使用伪造、变造的乘机身份证件或者乘机凭证的；

（二）冒用他人乘机身份证件或者乘机凭证的；

（三）随身携带或者托运属于国家法律法规规定的危险品、违禁品、管制物品的；

（四）随身携带或者托运本条第三项规定以外民航禁止运输、限制运输物品，经民航安检机构发现提示仍拒不改正，扰乱秩序的；

（五）在行李物品中隐匿携带本条第三项规定以外民航禁止运输、限制运输物品，扰乱秩序的；

（六）伪造、变造、冒用危险品航空运输条件鉴定报告或者使用伪造、变造的危险品航空运输条件鉴定报告的；

（七）伪报品名运输或者在航空货物中夹带危险品、违禁品、管制物品的；

（八）在航空邮件中隐匿、夹带运输危险品、违禁品、管制物品的；

（九）故意散播虚假非法干扰信息的；

（十）对民航安检工作现场及民航安检工作进行拍照、摄像，经民航安检机构警示拒不改正的；

（十一）逃避安全检查或者殴打辱骂民航安全检查员或者其他妨碍民航安检工作正常开展，扰乱民航安检工作现场秩序的；

（十二）清场、航空器安保检查、航空器安保搜查中发现可疑人员或者物品的；

（十三）发现民用机场公安机关布控的犯罪嫌疑人的；

（十四）其他危害民用航空安全或者违反治安管理行为的。

第六十四条　有下列情形之一的，民航安检机构应当采取紧急处置措施，并立即报告公安机关：

（一）发现爆炸物品、爆炸装置或者其他重大危险源的；

（二）冲闯、堵塞民航安检通道或者民用运输机场控制区安检道口的；

（三）在民航安检工作现场向民用运输机场控制区内传递物品的；

（四）破坏、损毁、占用民航安检设备设施、场地的；

（五）其他威胁民用航空安全，需要采取紧急处置措施行为的。

第六十五条　有下列情形之一的，民航安检机构应当报告有关部门处理：

（一）发现涉嫌走私人员或者物品的；

（二）发现违规运输航空货物的；

（三）发现不属于公安机关管理的危险品、违禁品、管制物品的。

第六十六条　威胁增加时，民航安检机构应当按照威胁等级管理办法的有关规定调整安全检查措施。

第六十七条　民航安检机构应当根据本机构实际情况，与相关单位建立健全应急信息传递及报告工作程序，并建立记录。

第七章　监 督 检 查

第六十八条　民航行政机关及民用航空监察员依法对民航安检工作实施监督检查，行使以下职权：

（一）审查并持续监督民航安检机构的运行条件符合民航局有关规定；

（二）制定民航安检工作年度监督检查计划，并依据监督检查计划开展监督检查工作；

（三）进入民航安检机构及其设立单位进行检查，调阅有关资料，向有关单位和人员了解情况；

（四）对检查中发现的问题，当场予以纠正或者规定限期改正；对依法应当给予行政处罚的行为，依法作出行政处罚决定；

（五）对检查中发现的安全隐患，规定有关单位及时处理，对重大安全隐患实施挂牌督办；

（六）对有根据认为不符合国家标准或者行业标准的设施、设备予以查封或者扣押，并依法作出处理决定；

（七）依法对民航安检机构及其设立单位的主要负责人、直接责任人进行行政约见或者警示性谈话。

第六十九条　民航安检机构及其设立单位应当积极配合民航行政机关依法履行监督检查职责，不得拒绝、阻挠。对民航行政机关依法作出的监督检查书面记录，被检查单位负责人应当签字，拒绝签字的，民用航空监察员应当将情况记录在案，并向民航行政机关报告。

第七十条　民航行政机关应当建立民航安检工作违法违规行为信息库，如实记录民航安检机构及其设立单位的违法行为信息。对违法行为情节严重的单位，应当纳入行业安全评价体系，并通报其上级政府主管部门。

第七十一条　民航行政机关应当建立民航安检工作奖励制度，对保障空防安全、地面安全以及在突发事件处置、应急救援等方面有突出贡献的集体和个人，按贡献给予不同级别的奖励。

第七十二条　民航行政机关应当建立举报制度，公开举报电话、信箱或者电子邮件地址，受理并负责调查民航安检工作违法违规行为的举报。

任何单位和个人发现民航安检机构运行存在安全隐患或者未按照规定实施民航安检工作的，有权向民航行政机关报告或者举报。

民航行政机关应当依照国家有关奖励办法，对报告重大安全隐患或者举报民航安检工作违法违规行为的有功人员，给予奖励。

第八章　法律责任

第七十三条　违反本规则第十条规定，民用运输机场管理机构设立的民航安检机构运行条件不符合本规则要求的，由民航行政机关责令民用运输机场限期改正；逾期不改正的或者经改正仍不符合要求的，由民航行政机关依据《民用机场管理条例》第六十八条对民用运输机场作出限制使用的决定，情节严重的，吊销民用运输机场使用许可证。

第七十四条　民航安检机构设立单位的决策机构、主要负责人不能保证民航安检机构正常运行所必需资金投入，致使民航安检机构不具备运行条件的，由民航行政机关依据《中华人民共和国安全生产法》第九十条责令限期改正，提供必需的资金；逾期未改正的，责令停产停业整顿。

第七十五条　有下列情形之一的，由民航行政机关依据《中华人民共和国安全生产法》第九十四条责令民航安检机构设立单位改正，可以处五万元以下的罚款；逾期未改正的，责令停产停业整顿，并处五万元以上十万元以下的罚款，对其直接负责的主管人员和其他直接责任人员处一万元以上二万元以下的罚款：

（一）违反第十二条规定，未按要求开展培训工作或者未如实记录民航安检培训情况的；

（二）违反第十四、十五条规定，民航安全检查员未按要求经过培训并具备岗位要求的理论和技能水平，上岗执勤的；

（三）违反第二十四条规定，人员未按要求经过培训，从事民航安检设备使用验收检测、定期检测工作的；

（四）违反第六十一条规定，未按要求制定突发事件处置预案或者未定期实施演练的。

第七十六条　有下列情形之一的，由民航行政机关依据《中华人民共和国安全生产法》第九十六条责令民航安检机构设立单位限期改正，可以处五万元以下的罚款；逾期未改正的，处五万元以上二十万元以下的罚款，对其直接负责的主管人员和其他直接责任人员处一万元以上二万元以下的罚款；情节严重的，责令停产停业整顿：

（一）违反第二十一、二十二条规定，民航安检设备的安装、使用、检测、改造不符合国家标准或者行业标准的；

（二）违反本规则第二十二条规定，使用定期检测不合格的民航安检设备的；

（三）违反第二十二条规定，未按要求对民航安检设备进行使用验收、维护、定期检测的。

第七十七条　违反本规则有关规定，民航安检机构或者民航安检机构设立单位未采取措施消除安全隐患的，由民航行政机关依据《中华人民共和国安全生产法》第九十九条责令民航安检机构设立单位立即消除或者限期消除；民航安检机构设立单位拒不执行的，责令停产停业整顿，并处十万元以上五十万元以下的罚款，对其直接负责的主管人员和其他直接责任人员处二万元以上五万元以下的罚款。

第七十八条　违反本规则第六十九条规定，民航安检机构或者民航安检机构设立单位拒绝、阻碍民航行政机关依法开展监督检查的，由民航行政机关依据《中华人民共和国安全生产法》第一百零五条责令改正；拒不改正的，处二万元以上二十万元以下的罚款；对其直接负责的主管人员和其他直接责任人员处一万元以上二万元以下的罚款。

第七十九条　有下列情形之一的，由民航行政机关责令民航安检机构设立单位限期改正，处一万元以下的罚款；逾期未改正的，处一万元以上三万元以下的罚款：

（一）违反第八条规定，未设置专门的民航安检机构的；

（二）违反第十二条规定，未依法制定或者实施民航安检工作质量控制管理制度或者未如实记录质量控制工作情况的；

（三）违反第十三条规定，未根据实际适时调整民航安检工作运行管理手册的；

（四）违反第十四条第二款规定，未及时调离不适合继续从事民航安检工作人员的；

（五）违反第十八条规定，X 射线安检仪操作检查员工作时间制度不符合要求的；

（六）违反第十九、二十条规定，未依法提供劳动健康保护的；

（七）违反第二十三条规定，未按规定上报民航安检设备信息的；

（八）违反第二十五条规定，未按照民航安检工作运行管理手册组织实施民航安检工作的；

（九）违反第二十八条规定，未在民航安检工作现场设置禁止拍照、摄像警示标识的；

（十）违反第六十二、六十三、六十四、六十五、六十六条规定，未按要求采取民航安检工作特殊情况处置措施的；

（十一）违反第六十七条规定，未按要求建立或者运行应急信息传递及报告程序或者未按要求记录应急信息的。

第八十条　违反第二十六条规定，公共航空运输企业、民用运输机场管理机构未按要求宣传、告知民航安检工作规定的，由民航行政机关责令限期改正，处一万元以下的罚款；逾期未改正的，处一万元以上三万元以下的罚款。

第八十一条　违反第三十九条第二款规定，公共航空运输企业未按要求向旅客通告特殊物品目录及批准程序或者未按要求与民航安检机构建立特殊物品和信息传递程序的，由民航行政机关责令限期改正，处一万元以下的罚款；逾期未改正的，处一万元以上三万元以下的罚款。

第八十二条　有下列情形之一的，由民航行政机关责令民用运输机场管理机构限期改正，可以处一万元以上三万元以下的罚款；逾期未改正的，处一万元以上三万元以下的罚款：

（一）违反第四十一条第二款规定，民用运输机场管理机构未按要求为旅客提供暂存服务的；

（二）违反第四十一条第三款规定，民用运输机场管理机构未按要求提供条件，保管或者处理旅客暂存、自弃、遗留物品的；

（三）违反第六十条第一款规定，民用运输机场管理机构未按要求履行监督检查管理职责的。

第八十三条　有下列情形之一的，由民航安检机构予以纠正，民航安检机构不履行职责的，由民航行政机关责令改正，并处一万元以上三万元以下的罚款：

（一）违反第十六条规定，民航安全检查员执勤时着装或者佩戴标志不符合要求的；

（二）违反第十七条规定，民航安全检查员执勤时从事与民航安检工作无关活动的；

（三）违反第五章第二、三、四节规定，民航安全检查员不服从管理，违反规章制度或者操作规程的。

第八十四条　有下列情形之一的，由民航行政机关的上级部门或者监察机关责令改正，并根据情节对直接负责的主管人员和其他直接责任人员依法给予处分：

（一）违反第十一条规定，未按要求审核民航安检机构运行条件或者提供虚假审核意见的；

（二）违反第六十八条规定，未按要求有效履行监督检查职能的；

（三）违反第七十条规定，未按要求建立民航安检工作违法违规行为信息库的；

（四）违反第七十一条规定，未按要求建立或者运行民航安检工作奖励制度的；

（五）违反第七十二条规定，未按要求建立或者运行民航安检工作违法违规行为举报制度的。

第八十五条　民航安检机构设立单位及民航安全检查员违规开展民航安检工作，造成安全事故的，按照国家有关规定追究相关单位和责任人员的法律责任。

第八十六条　违反本规则有关规定，行为构成犯罪的，依法追究刑事责任。

第八十七条　违反本规则有关规定，行为涉及民事权利义务纠纷的，依照民事权利义务法律法规处理。

第九章　附　　则

第八十八条　本规则下列用语定义：

（一）“民用运输机场”，是指为从事旅客、货物运输等公共航空运输活动的民用航空器提供起飞、降落等服务的机场。包括民航运输机场和军民合用机场的民用部分。

（二）“民用航空安全检查工作”，是指对进入民用运输机场控制区的旅客及其行李物品，其他人员、车辆及物品和航空货物、航空邮件等进行安全检查的活动。

（三）“航空货物”，是指除航空邮件、凭“客票及行李票”运输的行李、航空危险品外，已由或者将由民用航空运输的物品，包括普通货物、特种货物、航空快件、凭航空货运单运输的行李等。

（四）“航空邮件”，是指邮政企业通过航空运输方式寄递的信件、包裹等。

（五）“民航安全检查员”，是指持有民航安全检查员国家职业资格证书并从事民航安检工作的人员。

（六）“民航安检现场值班领导岗位管理人员”，是指在民航安检工作现场，负责民航安检勤务实施管理和应急处置管理工作的岗位。民航安检工作现场包括旅客人身及随身行李物品安全检查工作现场、托运行李安全检查工作现场、航空货邮安全检查工作现场、其他人员安全检查工作现场及民用运输机场控制区道口安全检查工作现场等。

（七）“旅客”，是指经公共航空运输企业同意在民用航空器上载运的除机组成员以外的任何人。

（八）“其他人员”，是指除旅客以外的，因工作需要，经安全检查进入机场控制区或者民用航空器的人员，包括但不限于机组成员、工作人员、民用航空监察员等。

（九）“行李物品”，是指旅客在旅行中为了穿着、使用、舒适或者方便的需要而携带的物品和其他个人财物。包括随身行李物品、托运行李。

（十）“随身行李物品”，是指经公共航空运输企业同意，由旅客自行负责照管的行李和自行携带的零星小件物品。

（十一）“托运行李”，是指旅客交由公共航空运输企业负责照管和运输并填开行李票的行李。

（十二）“液态物品”，包括液体、凝胶、气溶胶等形态的液态物品。其包括但不限于水和其他饮料、汤品、糖浆、炖品、酱汁、酱膏；盖浇食品或汤类食品；油膏、乳液、化妆品和油类；香水；喷剂；发胶和沐浴胶等凝胶；剃须泡沫、其他泡沫和除臭剂等高压罐装物品（例如气溶胶）；牙膏等膏状物品；凝固体合剂；睫毛膏；唇彩或唇膏；或室温下稠度类似的任何其他物品。

（十三）“重大危险源”，是指具有严重破坏能力且必须立即采取防范措施的物质。

（十四）“航空器安保检查”，是指对旅客可能已经进入的航空器内部的检查和对货舱的检查，目的在于发现可疑物品、武器、爆炸物或其他装置、物品和物质。

（十五）“航空器安保搜查”，是指对航空器内部和外部进行彻底检查，目的在于发现可疑物品、武器、爆炸物或其他危险装置、物品和物质。

第八十九条　危险品航空运输按照民航局危险品航空运输有关规定执行。

第九十条　在民用运输机场运行的公务航空运输活动的安全检查，由民航局另行规定。

第九十一条　在民用运输机场控制区以外区域进行的安全检查活动，参照本规则有关规定执行。

第九十二条　本规则自 2017 年 1 月 1 日起施行。1999 年 6 月 1 日起施行的《中国民用航空安全检查规则》（民航总局令第 85 号）同时废止。